Dr. Oetker

Schlanke Kuchen

mit wenig Zucker & wenig Fett

Dr. Oetker

Schlanke Kuchen

mit wenig Zucker & wenig Fett

Dr. Oetker Verlag

VORWORT

Etwas Süßes zum Kaffee oder Tee – für ein bisschen Glückseligkeit gehört das einfach dazu. Spätestens wenn der verlockende Duft von frisch gebackenem Kuchen aus der Küche langsam auch die anderen Räume erobert, kann der Verführung niemand mehr widerstehen. Ihren Gelüsten dürfen Sie ab sofort ohne Reue nachgeben, auch und gerade wenn Sie auf Ihre Figur achten möchten oder müssen.

Die natürliche Süßkraft von reifen, aromatischen Erdbeeren, saftigen Aprikosen oder getrockneten Soft-Pflaumen – in Verbindung mit feinem Joghurt, luftigem Quark oder leichter Buttermilch werden daraus wahre Kuchen- und Tortenträume, die mit wenig Zucker und Fett punkten und dabei garantiert die Herzen aller Naschkatzen höher schlagen lassen. Auf vollen Geschmack und Genuss müssen Sie dabei nicht verzichten. Klassische Backzutaten werden auch in unseren schlanken Kuchenteigen und -füllungen miteinander verrührt: Butter verleiht Erdbeer-Tartelettes wunderbare Knusprigkeit. Schlagsahne krönt Chai-Tea-Hügel mit himmlischer Cremigkeit. Und karamellisierte Walnüsse sind im Kartoffel-Gugel einfach unverzichtbar. Der schlanke Unterschied liegt im richtigen Mengenverhältnis: So viel wie nötig, so wenig wie möglich. Damit ist die schlanke Verführung perfekt.

Alle Rezepte haben wir ausprobiert und gut nachvollziehbar so beschrieben, dass sie Ihnen sicher gelingen und leichten Genuss garantieren.

Apfel-Knuspertarte 12 Stücke

PRO STÜCK: E: 4,2 g, F: 6,1 g, Kh: 29,4 g, kJ: 796, kcal: 190, BE: 2,5, Bst: 1,6 g
ZUBEREITUNGSZEIT: 25 Minuten, ohne Kühlzeit
BACKZEIT: etwa 35 Minuten

ZUM VORBEREITEN:

20 g Sonnenblumenkerne
900 g säuerliche Äpfel, z. B. Boskop
1 EL Zitronensaft (12 g)

FÜR DEN KNETTEIG:

200 g Weizenmehl
1 gestr. TL Dr. Oetker Backin
100 g Magerquark
30 g Sonnenblumenöl
50 g Zucker
1 Prise Salz
1 Ei (Größe M)
30 ml Milch (1,5 % Fett)

AUSSERDEM:

50 g Zucker
30 g Joghurt-Butter (65 % Fett, zimmerwarm)

etwa 4 g Butter für die Form

1. Zum Vorbereiten Sonnenblumenkerne in einer Pfanne ohne Fett unter Wenden rösten, dann auf einen Teller geben. Äpfel schälen, vierteln, entkernen, in Spalten schneiden und mit Zitronensaft beträufeln.

2. Den Backofen vorheizen.
Ober-/Unterhitze: etwa 180 °C, Heißluft: etwa 160 °C

3. Für den Teig Mehl mit Backpulver in einer Rührschüssel mischen. Restliche Zutaten hinzufügen und mit einem Mixer (Knethaken) zunächst kurz auf niedrigster, dann auf höchster Stufe gut durcharbeiten.

4. Anschließend auf einer leicht bemehlten Arbeitsfläche kurz zu einem Teig verkneten (nicht zu lange kneten, da der Teig sonst klebt) und zu einer Kugel formen. Sollte er kleben, ihn in Frischhaltefolie gewickelt eine Zeit lang in den Kühlschrank legen.

5. Den Teig auf der leicht bemehlten Arbeitsfläche zu einer runden Platte (Ø etwa 32 cm) ausrollen, in eine Wähen- oder Tarteform (Ø 28–30 cm, leicht gefettet) legen und den Rand andrücken.

6. Die vorbereiteten Apfelspalten leicht überlappend, kreisförmig auf dem Teigboden verteilen, mit gerösteten Sonnenblumenkernen und Zucker bestreuen. Die Butter in Flöckchen daraufsetzen.

7. Die Form auf dem Rost in den vorgeheizten Backofen (unteres Drittel) schieben. Die Knuspertarte **etwa 35 Minuten backen.** Nach 30 Minuten die Tarte evtl. mit Alufolie abdecken, damit sie nicht zu stark bräunt.

Herbstgenuss

8. Die Form auf einen Kuchenrost stellen. Die Tarte in der Form erkalten lassen.

Tipps: Die Tarte schmeckt frisch am besten. Den Teig im Durchmesser etwa 2 cm größer ausstechen als die Form.

Mandarinen-Pflaumen-Tarte

12 Stücke

PRO STÜCK: E: 3,8 g, F: 4,3 g, Kh: 25,9 g, kJ: 671, kcal: 160, BE: 2,0, Bst: 2,9 g
ZUBEREITUNGSZEIT: 30 Minuten, ohne Abkühlzeit
BACKZEIT: etwa 25 Minuten

ZUM VORBEREITEN:

100 g getrocknete Pflaumen
100 g Marzipan-Rohmasse
1 TL Dr. Oetker Finesse Geriebene Zitronenschale (5 g)
70 ml Wasser

FÜR DEN TEIG:

2 Eier (Größe M)
50 g Zucker
1 Prise Salz
130 g Weizenmehl
2 gestr. TL Dr. Oetker Backin

350 g abgetropfte Mandarinenspalten (natursüß, aus der Dose)

FÜR DEN GUSS:

40 g Puderzucker
1–2 TL Zitronensaft (7 g)

etwa **4 g** Butter für die Form

1. Zum Vorbereiten Pflaumen und Marzipan in feine Streifen schneiden, in einen hohen Rührbecher geben. Zitronenschale und Wasser dazugeben. Die Zutaten zu einem feinen Brei pürieren.

2. Den Backofen vorheizen.
Ober-/Unterhitze: etwa 180 °C, Heißluft: etwa 160 °C

3. Für den Teig Eier mit einem Mixer (Rührstäbe) auf höchster Stufe in 1 Minute schaumig schlagen. Zucker mit Salz in 1 Minute einstreuen, dann noch etwa 2 Minuten schlagen. Das Pflaumen-Marzipan-Püree dazugeben und die Zutaten noch etwa 1 Minute aufschlagen.

4. Mehl mit Backpulver mischen, auf die Eier-Pflaumen-Masse geben und kurz auf niedrigster Stufe unterrühren. Den Teig in eine Tarteform (Ø 28 cm, leicht gefettet) geben und glatt streichen. Die Mandarinenspalten gleichmäßig darauf verteilen.

5. Die Form auf dem Rost in den vorgeheizten Backofen (unteres Drittel) schieben. Die Mandarinen-Pflaumen-Tarte **etwa 25 Minuten backen.**

6. Die Form auf einen Kuchenrost stellen. Mandarinen-Pflaumen-Tarte erkalten lassen.

7. Für den Guss Puderzucker mit Zitronensaft zu einem glatten Guss verrühren und die Tarte damit beträufeln.

Reis-Mandel-Kuchen 12 Stücke

PRO STÜCK: E 6,0 g, F: 5,7 g, Kh: 27,2 g, kJ: 775, kcal: 185, BE: 2,5, Bst: 1,1 g
ZUBEREITUNGSZEIT: 40 Minuten, ohne Abkühlzeit
BACKZEIT: etwa 40 Minuten

FÜR DIE REISMASSE:

150 g Arborio-Reis
120 g Zucker
700 ml Milch (1,5 % Fett)
30 g Zitronat (Succade)
70 g abgezogene, gem. Mandeln
1 Prise Salz
je 1 Pck. Dr. Oetker Finesse Geriebene Zitronen- und Orangenschale
3 Eier (Größe M)

etwa 4 g Butter für die Form
etwa 10 g Weizenmehl für die Form
etwa 15 g Puderzucker zum Bestäuben

1. Für die Reismasse Reis, 60 g von dem Zucker und Milch in einem Topf unter Rühren zum Kochen bringen. Anschließend zugedeckt bei schwacher Hitze unter mehrmaligem Rühren etwa 20 Minuten nach Packungsanleitung gar kochen.

2. Zitronat sehr fein hacken, dann zusammen mit Mandeln, Salz, Zitronen- und Orangenschale sorgfältig unter die Reismasse rühren. Reismasse etwas abkühlen lassen.

3. In der Zwischenzeit den Backofen vorheizen. Ober-/Unterhitze: etwa 160 °C, Heißluft: etwa 140 °C

4. Die Eier mit dem restlichen Zucker (60 g) in eine Rührschüssel geben und mit dem Mixer (Rührbesen) zu einer dicken Creme aufschlagen. Die Eiercreme unter die Reismasse rühren.

5. Die Reismasse in eine Tarteform (Ø 30 cm, gefettet, bemehlt) geben und glatt streichen. Die Form auf dem Rost in den vorgeheizten Backofen schieben. Den Reis-Mandel-Kuchen **etwa 40 Minuten backen.**

6. Die Form auf einen Kuchenrost stellen. Reis-Mandel-Kuchen erkalten lassen.

7. Vor dem Servieren den Reis-Mandel-Kuchen mit Puderzucker bestäuben.

schlicht & lecker

Apfelkuchen 12 Stücke

PRO STÜCK: E: 4,3 g, F: 3,8 g, Kh: 31,6 g, kJ: 752, kcal: 179, BE: 2,5, Bst: 1,8 g
ZUBEREITUNGSZEIT: 35 Minuten
BACKZEIT: etwa 45 Minuten

ZUM VORBEREITEN:

850 g säuerliche Äpfel, z. B. Boskop

FÜR DEN BISKUITTEIG:

2 Eier (Größe M)
100 g Zucker
1 Pck. Dr. Oetker Vanillin-Zucker
250 g Weizenmehl
3 gestr. TL Dr. Oetker Backin
150 g Joghurt (1,5 % Fett)
15 g Speiseöl, z. B. Sonnenblumenöl

25 g gehobelte Mandeln zum Bestreuen

1. Zum Vorbereiten Äpfel schälen, vierteln, entkernen und in Achtel schneiden.

2. Den Backofen vorheizen.
Ober-/Unterhitze: etwa 180 °C, Heißluft: etwa 160 °C

3. Für den Teig die Eier mit einem Mixer (Rührstäbe) auf höchster Stufe in 1 Minute schaumig schlagen. Zucker mit Vanillin-Zucker mischen, in 1 Minute einstreuen, dann noch etwa 2 Minuten schlagen.

4. Mehl mit Backpulver mischen. Die Hälfte davon auf die Eiercreme geben und kurz auf niedrigster Stufe unterrühren. Zunächst das restliche Mehlgemisch, dann den Joghurt und das Speiseöl auf die gleiche Weise unterarbeiten. Den Teig in eine Springform (Ø 26 cm, Boden gefettet, mit Backpapier belegt) geben und glatt streichen.

5. Die Apfelstückchen auf dem Teig verteilen und mit den Mandeln bestreuen. Die Form auf dem Rost in den vorgeheizten Backofen (unteres Drittel) schieben. Den Apfelkuchen **etwa 45 Minuten backen.**

6. Die Form auf einen Kuchenrost stellen. Den Springformrand vorsichtig lösen und entfernen. Den Apfelkuchen auf dem Springformboden erkalten lassen, dann auf eine Tortenplatte setzen.

Erdbeerboden 12 Stücke

PRO STÜCK: E: 4,6 g, F: 5,2 g, Kh: 28,5 g, kJ: 765, kcal: 182, BE: 2,5, Bst: 2,0 g
ZUBEREITUNGSZEIT: 30 Minuten, ohne Kühlzeit
BACKZEIT: etwa 15 Minuten

FÜR DEN ALL-IN-TEIG:

125 g Weizenmehl
2 ½ gestr. TL Dr. Oetker Backin
100 g Zucker
1 Pck. Dr. Oetker Vanillin-Zucker
4 Eier (Größe M)
30 g Speiseöl, z. B. Sonnenblumenöl
25 g Essig, z. B. Obstessig

FÜR DIE VANILLECREME:

1 Pck. Saucenpulver Vanille-Geschmack zum Kochen
250 ml Milch (1,5 % Fett)
20 g Zucker

FÜR DEN BELAG:

1 kg Erdbeeren

FÜR DEN TORTENGUSS:

1 Pck. ungezuckerter Tortenguss, rot
30 g Zucker
250 ml Wasser

etwa 4 g Butter für die Form

1. Den Backofen vorheizen.
Ober-/Unterhitze: etwa 200 °C, Heißluft: etwa 180 °C

2. Für den Teig Mehl mit Backpulver in einer Rührschüssel mischen. Zucker, Vanillin-Zucker, Eier, Speiseöl und Essig hinzufügen. Die Zutaten mit einem Mixer (Rührstäbe) zunächst kurz auf niedrigster, dann auf höchster Stufe in etwa 1 Minute zu einem glatten Teig verarbeiten.

3. Den Teig in eine Obstbodenform (Ø 28 cm, leicht gefettet) oder Springform (Ø 26 cm, mit Backpapier belegt) geben und glatt streichen. Die Form auf dem Rost in den vorgeheizten Backofen (unteres Drittel) schieben. Den Tortenboden **etwa 15 Minuten backen.**

4. Den Tortenboden auf einen mit Backpapier belegten Kuchenrost stürzen und erkalten lassen.

5. Für die Creme inzwischen einen Pudding aus Saucenpulver, Milch und Zucker nach Packungsanleitung – aber mit 250 ml Milch und 20 g Zucker – zubereiten. Den Pudding unter gelegentlichem Rühren erkalten lassen und anschließend auf dem Tortenboden verstreichen.

6. Für den Belag Erdbeeren putzen, abspülen, gut abtropfen lassen, entstielen und evtl. halbieren. Die Erdbeeren auf den Tortenboden legen.

7. Für den Guss aus Tortengusspulver, Zucker und Wasser einen Guss nach Packungsanleitung zubereiten. Den Guss mit einem Esslöffel auf den Erdbeeren verteilen. Guss fest werden lassen. Den Erdbeerboden bis zum Servieren zugedeckt in den Kühlschrank stellen.

Johannisbeer-Tarte 12 Stücke

PRO STÜCK: E: 3,5 g, F: 3,7 g, Kh: 23,4 g, kJ: 600, kcal: 144, BE: 2,0, Bst: 1,4 g
ZUBEREITUNGSZEIT: 25 Minuten, ohne Abkühlzeit
BACKZEIT: 25–30 Minuten

ZUM VORBEREITEN:

250 g rote Johannisbeeren
2 reife Bananen (270 g)
70 g Butter mit Buttermilch
(39 % Fett, zimmerwarm)

FÜR DEN TEIG:

3 Eier (Größe M)
80 g Zucker
1 Prise Salz
150 g Weizenmehl
2 gestr. TL Dr. Oetker Backin

40 g Hagelzucker zum Bestreuen

1. Zum Vorbereiten Johannisbeeren abspülen und abtropfen lassen. Die Beeren mit einer Gabel von den Rispen streifen. Bananen schälen, in Stücke schneiden, zusammen mit der Butter in einen Rührbecher geben und zu einem feinen Brei pürieren.

2. Den Backofen vorheizen.
Ober-/Unterhitze: etwa 200 °C, Heißluft: etwa 180 °C

3. Für den Teig Eier mit einem Mixer (Rührstäbe) auf höchster Stufe in 1 Minute schaumig schlagen. Zucker und Salz in 1 Minute einstreuen, dann noch etwa 2 Minuten schlagen. Das Bananenpüree unterrühren.

4. Mehl mit Backpulver mischen, auf die Eier-Püree-Masse geben und kurz auf niedrigster Stufe unterrühren.

5. Den Teig in eine Springform (Ø 26 cm, Boden gefettet, mit Backpapier belegt) geben und glatt streichen. Die vorbereiteten Johannisbeeren gleichmäßig auf den Teig streuen und mit der Hälfte des Hagelzuckers bestreuen.

6. Die Form auf dem Rost in den vorgeheizten Backofen schieben. Johannisbeer-Tarte **25–30 Minuten backen.**

7. Die Form auf einen Kuchenrost stellen. Die Tarte in der Form erkalten lassen. Zum Servieren die Tarte vorsichtig aus der Form lösen, auf eine Kuchenplatte setzen und mit dem restlichen Hagelzucker bestreuen.

sauer trifft süß

Klecksel-Käsekuchen 12 Stücke

PRO STÜCK: E: 9,6 g, F: 6,2 g, Kh: 26,1 g, kJ: 849, kcal: 203, BE: 2,0, Bst: 1,6 g
ZUBEREITUNGSZEIT: 30 Minuten, ohne Abkühlzeit
BACKZEIT: etwa 47 Minuten

FÜR DEN ALL-IN-TEIG:

100 g Weizenmehl

1 gestr. TL Dr. Oetker Backin

50 g feiner Zucker

1 Pck. Dr. Oetker Vanillin-Zucker

100 g Magerquark

70 g Schlagsahne (30 % Fett)

FÜR DEN MOHNBELAG:

250 g Mohn-Back (backfertige Mohnfüllung)

1 Ei (Größe M)

FÜR DEN QUARKBELAG:

1 Eiweiß (Größe M)

30 g Zucker

400 g Magerquark

1 Eigelb (Größe M)

200 g Vanille-Joghurt (3,5 % Fett)

1 Pck. Saucenpulver Vanille-Geschmack zum Kochen

1. Den Backofen vorheizen.
Ober-/Unterhitze: etwa 180 °C, Heißluft: etwa 160 °C

2. Für den Teig Mehl mit Backpulver in einer Rührschüssel mischen. Restliche Zutaten hinzufügen und mit einem Mixer (Rührstäbe) zunächst kurz auf niedrigster, dann auf höchster Stufe in etwa 2 Minuten zu einem glatten Teig verarbeiten.

3. Den Teig in eine Springform (Ø 26 cm, Boden gefettet, mit Backpapier belegt) geben und glatt streichen. Die Form auf dem Rost in den vorgeheizten Backofen schieben. Den Gebäckboden **etwa 17 Minuten vorbacken.**

4. Die Form auf einen Kuchenrost stellen. Den Gebäckboden etwas abkühlen lassen.

5. Für den Mohnbelag in der Zwischenzeit Mohn-Back mit dem Ei verrühren.

6. Für den Quarkbelag das Eiweiß steif schlagen. Zucker unter Rühren langsam einrieseln lassen und weiter schlagen, bis der Eischnee stark glänzt.

7. Quark mit Eigelb, Vanille-Joghurt und Saucenpulver gut verrühren, dann den Eischnee unterheben. Die Quarkmasse auf den vorgebackenen Boden geben. Die Mohnmasse mit einem Löffel in großen Klecksen daraufgeben.

8. Die Form wieder auf dem Rost in den heißen Backofen schieben. Den Käsekuchen **bei gleicher Backofentemperatur in etwa 35 Minuten fertig backen.**

Genuss pur

9. Die Form auf einen Kuchenrost stellen. Den Spring-
formrand vorsichtig entfernen. Den Käsekuchen auf dem
Springformboden erkalten lassen. Dann vorsichtig vom
Springformboden lösen, auf eine Kuchenplatte setzen.

Ananas-Schoko-Traum 12 Stücke

PRO STÜCK: E: 3,8 g, F: 4,4 g, Kh: 31,7 g, kJ: 770, kcal: 184, BE: 2,5, Bst: 2,6 g
ZUBEREITUNGSZEIT: 35 Minuten, ohne Abkühlzeit
BACKZEIT: etwa 30 Minuten

ZUM VORBEREITEN:

8 abgetropfte Ananascheiben (natursüß, aus der Dose – etwa 490 g)

3 EL Ananassaft (natursüß, aus der Dose – etwa 35 g)

100 g getrocknete Pflaumen

FÜR DEN TEIG:

100 g brauner Zucker
30 g Sonnenblumenöl
1 TL gem. Ingwer (3 g)
1 Pck. Dr. Oetker Finesse Geriebene Zitronenschale
3 Eier (Größe M)
175 g Weizenmehl
2 TL gesiebter Backkakao (6 g)
2 gestr. TL Dr. Oetker Backin
knapp 50 g Buttermilch

etwa 4 g Joghurt-Butter
(69 % Fett) für die Form

50 g Apfel- oder Quittengelee zum Bestreichen

1. Zum Vorbereiten von den Ananasscheiben den Saft auffangen und 3 Esslöffel davon abmessen. Die getrockneten Pflaumen mit dem abgemessenen Saft in einen hohen Rührbecher geben und pürieren.

2. Den Backofen vorheizen.
Ober-/Unterhitze: etwa 180 °C, Heißluft: etwa 160 °C

3. Für den Teig Pflaumenpüree in eine Rührschüssel geben. Zucker, Sonnenblumenöl, Ingwer und Zitronenschale hinzufügen. Die Zutaten mit einem Mixer (Rührstäbe) zunächst kurz auf niedrigster, dann auf höchster Stufe zu einer geschmeidigen Masse verrühren. Eier nach und nach unterrühren (jedes Ei etwa ½ Minute). Mehl mit Kakao und Backpulver mischen, abwechselnd mit der Buttermilch auf mittlerer Stufe kurz unterrühren.

4. Den Teig in eine Tarteform (Ø 28–30 cm, leicht gefettet) geben und glatt streichen. Den Teig mit den Ananasscheiben belegen.

5. Die Form auf dem Rost in den vorgeheizten Backofen (unteres Drittel) schieben. Den Ananas-Schoko-Traum **etwa 30 Minuten backen.**

6. Die Form auf einen Kuchenrost stellen. Ananas-Schoko-Traum etwas abkühlen lassen.

7. Zum Bestreichen das Gelee in einem kleinen Topf unter Rühren erhitzen. Ananas-Schoko-Traum damit bestreichen und auf dem Kuchenrost erkalten lassen. Anschließend aus der Form lösen und auf eine Kuchenplatte setzen.

verführerisch saftig

Bean & Berry Cake 20 Stücke

PRO STÜCK: E: 4,3 g, F: 3,3 g, Kh: 30,4 g, kJ: 716, kcal: 171, BE: 2,5, Bst: 3,3 g
ZUBEREITUNGSZEIT: 25 Minuten, ohne Abkühlzeit
BACKZEIT: etwa 25 Minuten

ZUM VORBEREITEN:

250 g Kidney-Bohnen
(aus der Dose)

200 g Buttermilch
175 g getrocknete Cranberrys

FÜR DEN TEIG:

3 Eier (Größe M)
170 g brauner Zucker
1 Pck. Dr. Oetker Vanillin-Zucker
170 g Weizenmehl
30 g Hartweizengrieß
3 gestr. TL Dr. Oetker Backin
30 g gesiebter Backkakao
150 g Zartbitter-Raspelschokolade

ZUM GARNIEREN:

20 g Puderzucker

1. Den Backofen vorheizen.
Ober-/Unterhitze: etwa 200 °C, Heißluft: etwa 180 °C

2. Zum Vorbereiten die Bohnen in einem Sieb abspülen und abtropfen lassen. Anschließend die Bohnen mit der Buttermilch in einen hohen Rührbecher geben und fein pürieren. Die Cranberrys fein hacken.

3. Für den Teig die Eier in einer Schüssel mit einem Mixer (Rührbesen) auf höchster Stufe in 1 Minute schaumig schlagen. Zucker mit Vanillin-Zucker mischen, in 1 Minute einstreuen, dann noch etwa 2 Minuten schlagen.

4. Das Bohnenpüree unterrühren. Mehl mit Grieß, Backpulver und Kakao gut vermischen. Die Hälfte davon auf die Eier-Bohnen-Masse geben und kurz auf niedrigster Stufe unterrühren. Restliches Mehl-Kakao-Gemisch auf die gleiche Weise unterarbeiten. Zuletzt Raspelschokolade und gehackte Cranberrys kurz unterheben.

5. Den Teig auf ein Backblech (30 x 40 cm, gefettet, mit Backpapier belegt) geben und glatt streichen. Das Backblech in den vorgeheizten Backofen schieben. Den Kuchen **etwa 25 Minuten backen.**

6. Das Backblech auf einen Kuchenrost stellen. Den Kuchen darauf erkalten lassen.

7. Zum Garnieren ein Kuchengitter oder Backofenrost auf den Kuchen legen. Den Puderzucker darüber sieben, dann das Gitter oder den Rost vorsichtig wieder abheben. Den Kuchen in Stücke schneiden und servieren.

saftig durch Kidney-Bohnen

Pflaumen-Hirse-Kuchen 20 Stücke

PRO STÜCK: E: 2,7 g, F: 1,5 g, Kh: 23,7 g, kJ: 502, kcal: 120, BE: 2,0, Bst: 1,4 g
ZUBEREITUNGSZEIT: 35 Minuten, ohne Quell- und Abkühlzeit
BACKZEIT: etwa 30 Minuten

ZUM VORBEREITEN:

600 ml Wasser
200 g Hirse
1 Zimtstange

FÜR DEN BELAG:

1,2 kg reife Pflaumen

FÜR DEN HIRSEBODEN:

4 Eier (Größe M)
100 g brauner Zucker
1 Prise Salz
70 g Kartoffelmehl
2 gestr. TL Dr. Oetker Backin

ZUM BESTREICHEN:

100 g Aprikosenkonfitüre

1. Zum Vorbereiten Wasser in einem Topf zum Kochen bringen. Hirse und Zimtstange hinzugeben, umrühren und aufkochen. Die Hirse zugedeckt etwa 20 Minuten bei schwacher Hitze quellen lassen, bis die Flüssigkeit aufgesogen ist. Hirse erkalten lassen. Die Zimtstange entfernen.

2. Für den Belag die Pflaumen abspülen, abtrocknen, halbieren und entsteinen. Die Pflaumenhälften nochmals längs durchschneiden.

3. Den Backofen vorheizen.
Ober-/Unterhitze: etwa 180 °C, Heißluft: etwa 160 °C

4. Für den Hirseboden die Eier in einer Rührschüssel mit einem Mixer (Rührstäbe) kurz aufschlagen. Zucker und Salz in etwa 1 Minute einstreuen, dann noch etwa 2 Minuten schlagen.

5. Kartoffelmehl mit Backpulver mischen. Zuerst die Hirse, dann das Kartoffel-Mehl-Gemisch kurz auf niedrigster Stufe unter die Eiermasse rühren.

6. Einen Backrahmen auf ein Backblech (30 x 40 cm, gefettet, mit Backpapier belegt) stellen. Den Hirseteig auf das Backblech in den Backrahmen geben und glatt streichen. Die Pflaumenspalten in Reihen leicht dachziegelartig auf den Teig legen.

7. Das Backblech in den vorgeheizten Backofen schieben. Den Kuchen **etwa 30 Minuten backen.**

8. Das Backblech auf einen Kuchenrost stellen. Den Kuchen darauf erkalten lassen.

9. Zum Bestreichen die Konfitüre in einem kleinen Topf pürieren, dann erhitzen. Die Pflaumenspalten mit der Konfitüre bestreichen. Den Kuchen erkalten lassen. Den Backrahmen lösen und entfernen.

Tipps: Statt der Zimtstange können Sie auch die Schale von ½ Bio-Zitrone (unbehandelt, ungewachst) verwenden. Dafür die Zitrone heiß abwaschen, abtrocknen und dünn schälen. Dazu schmeckt ein Klecks Joghurt-Creme. Für 20 Portionen die Zutaten der Creme von Seite 61 (siehe Tipp) verdoppeln und wie beschrieben zu einer Joghurt-Creme verarbeiten (zusätzlich pro Stück: E: 0,5 g, F: 2,4 g, Kh: 1,2 g, kJ: 115, kcal: 28, BE: 0,1, Bst: 0,0).

Dinkel-Apfelkuchen 20 Stücke

PRO STÜCK: E: 2,8 g, F: 5,4 g, Kh: 32,9 g, kJ: 818, kcal: 195, BE: 2,5, Bst: 1,5 g
ZUBEREITUNGSZEIT: 40 Minuten, ohne Abkühlzeit
BACKZEIT: 35–40 Minuten

FÜR DEN RÜHRTEIG:

100 g Butter oder Margarine (zimmerwarm)

130 g Zucker
1 Pck. Dr. Oetker Vanillin-Zucker
1 Prise Salz
3 Eier (Größe M)
250 g Dinkelmehl (Type 630)
2 gestr. TL Dr. Oetker Backin
1 gestr. TL gem. Zimt (3 g)
½ gestr. TL gem. Ingwer (2 g)
1 Msp. gem. Kardamom
150 g Magerquark

FÜR DEN BELAG:

1,3 kg mittelgroße Äpfel, z.B. Cox Orange

270 g Preiselbeer-Dessert (aus dem Glas)

ZUM BESTREICHEN:

150 g Apfel- oder Quittengelee

1. Für den Teig Butter oder Margarine mit einem Mixer (Rührstäbe) auf höchster Stufe geschmeidig rühren. Nach und nach Zucker, Vanillin-Zucker und Salz unterrühren. So lange rühren, bis eine gebundene Masse entstanden ist.

2. Die Eier nach und nach unterrühren (jedes Ei etwa ½ Minute). Mehl mit Backpulver, Zimt, Ingwer und Kardamom mischen und in 2 Portionen, abwechselnd mit dem Quark, auf mittlerer Stufe kurz unterrühren. Den Teig auf ein Backblech (30 x 40 cm, gefettet, mit Backpapier belegt) geben und glatt streichen.

3. Den Backofen vorheizen.
Ober-/Unterhitze: 180–200 °C, Heißluft: 160–180 °C

4. Für den Belag Äpfel schälen. Die Kerngehäuse mit einem Apfelausstecher ausstechen. Die Äpfel in etwa 1 cm dicke Scheiben schneiden und leicht überlappend auf den Teig legen. Die Löcher in den Apfelscheiben mit etwa zwei Dritteln der Preiselbeeren füllen. Das Backblech in den vorgeheizten Backofen schieben. Den Apfelkuchen **35–40 Minuten backen.**

5. Das Backblech auf einen Kuchenrost stellen. Den Apfelkuchen kurz lauwarm abkühlen lassen.

6. Zum Bestreichen Gelee in einem Topf unter Rühren leicht erwärmen. Den lauwarmen Apfelkuchen damit bestreichen. Die restlichen Preiselbeeren in die entstandenen Löcher geben. Den Kuchen erkalten lassen.

Stachelbeerstreifen 20 Stücke

PRO STÜCK: E: 3,7 g, F: 4,0 g, Kh: 21,7 g, kJ: 587, kcal: 140, BE: 2,0, Bst: 1,9 g
ZUBEREITUNGSZEIT: 30 Minuten, ohne Teiggeh- und Abkühlzeit
BACKZEIT: etwa 30 Minuten

FÜR DEN HEFETEIG:

200 ml Milch (1,5 % Fett)
20 g Butter
100 g Vollkorn-Weizenmehl
200 g Weizenmehl (Type 550)
1 Pck. Dr. Oetker Trockenbackhefe
20 g Zucker
1 Prise Salz

FÜR DEN GUSS:

2 Eier (Größe M)
50 g brauner Zucker
300 g saure Sahne
(stichfest, 10 % Fett)

780 g abgetropfte Stachelbeeren
(aus dem Glas)

10 g gehackte Pistazienkerne

1. Für den Teig die Milch in einem Topf leicht erwärmen. Butter darin zerlassen.

2. Beide Mehlsorten in eine Rührschüssel geben und mit der Trockenbackhefe sorgfältig vermischen. Zucker, Salz und die warme Milch-Butter-Mischung hinzufügen.

3. Die Zutaten mit einem Mixer (Knethaken) zunächst kurz auf niedrigster, dann auf höchster Stufe in etwa 5 Minuten zu einem glatten Teig verarbeiten. Den Teig zugedeckt so lange an einem warmen Ort gehen lassen, bis er sich sichtbar vergrößert hat, etwa 30 Minuten.

4. Den gegangenen Teig auf einer leicht bemehlten Arbeitsfläche zu einem Rechteck (etwa 30 x 40 cm) ausrollen. Die Teigplatte in ein tiefes Backblech (30 x 40 cm, gefettet, mit Backpapier belegt) legen und nochmals zugedeckt so lange an einem warmen Ort gehen lassen, bis sie sich sichtbar vergrößert hat, etwa 30 Minuten.

5. Den Backofen vorheizen.
Ober-/Unterhitze: etwa 180 °C, Heißluft: etwa 160 °C.

6. Für den Guss Eier und Zucker in eine Rührschüssel geben und mit dem Mixer (Rührstäbe) zu einer schaumigen Masse aufschlagen. Die saure Sahne kurz auf niedrigster Stufe unterrühren.

7. Die Stachelbeeren gleichmäßig auf der Teigplatte verteilen. Den Saure-Sahne-Guss daraufgeben. Das Backblech in den vorgeheizten Backofen schieben. Den Kuchen **etwa 30 Minuten backen.**

herrlich saftig

8. Das Backblech auf einen Kuchenrost stellen. Den Kuchen mit Pistazienkernen bestreuen und erkalten lassen. Zum Servieren den Kuchen in Streifen schneiden.

Tipp: 100 g erhitztes Apfel- oder Quittengelee mit einem Backpinsel auf den Kuchen streichen und dann mit den Pistazienkernen bestreuen (zusätzlich pro Stück: E: 0,0 g, F: 0,0 g, Kh: 3,2 g, kJ: 54, kcal: 13, BE: 0,5, Bst: 0,0 g).

Cranberry-Hefekuchen 20 Stücke

PRO STÜCK: E: 5,4 g, F: 3,4 g, Kh: 24,8 g, kJ: 655, kcal: 156, BE: 2,0, Bst: 1,0 g
ZUBEREITUNGSZEIT: 20 Minuten
BACKZEIT: etwa 25 Minuten

FÜR DEN HEFETEIG:

350 g Weizenmehl
1 Pck. Hefeteig Garant
50 g Zucker
1 Ei (Größe M)
170 ml Milch (1,5 % Fett)
30 g Butter (zimmerwarm)

FÜR DEN BELAG:

100 g getrocknete Cranberrys
250 g Magerquark
300 g Vanille-Joghurt (3,5 % Fett)
1 Ei (Größe M)
1 gestr. EL Speisestärke (7 g)
30 g gehobelte Mandeln
30 g Zucker
1 Pck. Dr. Oetker Vanillin-Zucker

1. Für den Teig das Mehl in einer Rührschüssel mit Hefeteig Garant sorgfältig vermischen. Zucker, Ei, Milch und Butter hinzufügen. Die Zutaten mit einem Mixer (Knethaken) zunächst kurz auf niedrigster, dann auf höchster Stufe in etwa 2 Minuten zu einem glatten Teig verarbeiten.

2. Den Teig auf einer leicht bemehlten Arbeitsfläche nochmals kurz durchkneten und auf einem tiefen Backblech (30 x 40 cm, gefettet, mit Backpapier belegt) ausrollen, dabei den Teig am Rand leicht andrücken. Den Teig etwa 10 Minuten ruhen lassen.

3. In der Zwischenzeit den Backofen vorheizen.
Ober-/Unterhitze: etwa 200 °C, Heißluft: etwa 180 °C

4. Für den Belag Cranberrys in kleine Stücke hacken. Quark mit Joghurt, Ei und Stärke verschlagen.

5. In gleichmäßigen Abständen mit bemehlten Fingern oder einem bemehlten Kochlöffelstiel Löcher in die Teigplatte drücken. Die Cranberrys auf dem Teig verteilen. Die Quark-Joghurt-Masse darauf verstreichen und mit Mandeln bestreuen. Zucker mit Vanillin-Zucker mischen und auf den Belag streuen.

6. Das Backblech in den vorgeheizten Backofen schieben. Den Kuchen **etwa 25 Minuten backen.**

7. Das Backblech auf einen Kuchenrost stellen. Den Kuchen erkalten lassen.

Tipps: Der Kuchen schmeckt frisch am besten. Anstelle von getrockneten Cranberrys können Sie auch eine Mischung aus getrockneten Beeren verwenden.

Blaubeerblech 20 Stücke

PRO STÜCK: E: 3,2 g, F: 4,7 g, Kh: 26,3 g, kJ: 685, kcal: 164, BE: 2,0, Bst: 3,1 g
ZUBEREITUNGSZEIT: 35 Minuten, ohne Teiggeh- und Abkühlzeit
BACKZEIT: etwa 25 Minuten

FÜR DEN HEFETEIG:

350 g Weizenmehl
1 Pck. Dr. Oetker Trockenbackhefe
50 g Zucker
1 Pck. Dr. Oetker Vanillin-Zucker
1 Ei (Größe M)
200 ml lauwarme Milch (1,5 % Fett)
40 g Butter oder Margarine (zimmerwarm)

FÜR DEN BELAG:

1 kg Blaubeeren (Heidelbeeren)
50 g Butter
50 g Semmelbrösel
70 g Zucker
1 Pck. Dr. Oetker Vanillin-Zucker
1 gestr. TL gem. Zimt (2 g)

20 g Puderzucker zum Bestäuben

1. Für den Teig Mehl in eine Rührschüssel geben und mit Trockenbackhefe sorgfältig vermischen. Zucker, Vanillin-Zucker, Ei, Milch und Butter oder Margarine hinzufügen.

2. Die Zutaten mit einem Mixer (Knethaken) zunächst kurz auf niedrigster, dann auf höchster Stufe in etwa 5 Minuten zu einem glatten Teig verarbeiten. Den Teig zugedeckt so lange an einem warmen Ort gehen lassen, bis er sich sichtbar vergrößert hat, etwa 30 Minuten.

3. Den gegangenen Teig auf einer leicht bemehlten Arbeitsfläche nochmals kurz durchkneten. Anschließend auf einem Backblech (30 x 40 cm, gefettet, mit Backpapier belegt) ausrollen und rundherum einen Rand formen. Den Teig nochmals zugedeckt an einem warmen Ort so lange gehen lassen, bis er sich sichtbar vergrößert hat, etwa 15 Minuten.

4. In der Zwischenzeit den Backofen vorheizen. Ober-/Unterhitze: etwa 200 °C, Heißluft: etwa 180 °C

5. Für den Belag Blaubeeren entstielen, abspülen und gut abtropfen lassen. Butter zerlassen, Semmelbrösel dazugeben und kurz anrösten. Die Blaubeeren mit Zucker, Vanillin-Zucker, Zimt und der Bröselmasse vermischen und auf dem Teig verteilen.

6. Das Backblech in den vorgeheizten Backofen schieben. Das Blaubeerblech **etwa 25 Minuten backen.**

7. Das Backblech auf einen Kuchenrost stellen. Das Blaubeerblech darauf erkalten lassen und kurz vor dem Servieren mit Puderzucker bestäuben.

Schneckenkuchen 20 Stücke

PRO STÜCK: E: 5,1 g, F: 4,9 g, Kh: 36,7 g, kJ: 895, kcal: 214, BE: 3,0, Bst: 1,0 g
ZUBEREITUNGSZEIT: 60 Minuten, ohne Teiggehzeit
BACKZEIT: etwa 20 Minuten

FÜR DEN HEFETEIG:

170 ml Milch (1,5 % Fett)
80 g Butter oder Margarine
500 g Weizenmehl
1 Pck. Dr. Oetker Trockenbackhefe
50 g Zucker
1 Pck. Dr. Oetker Vanillin-Zucker
1 Prise Salz
2 Eier (Größe M)

FÜR DIE FÜLLUNG:

2 Pck. Dr. Oetker Pudding-Pulver
Vanille-Geschmack

750 ml Milch (1,5 % Fett)
80 g Zucker
100 g Rosinen

ZUM BESTREICHEN:

80 g Aprikosenkonfitüre
2 EL Wasser

1. Für den Teig Milch in einem Topf erwärmen. Den Topf von der Kochstelle nehmen. Butter oder Margarine darin zerlassen.

2. Mehl in einer Rührschüssel mit Trockenbackhefe sorgfältig vermischen. Restliche Zutaten und die warme Milch-Fett-Mischung hinzufügen, mit einem Mixer (Knethaken) zunächst auf niedrigster, dann auf höchster Stufe in etwa 5 Minuten zu einem glatten Teig verarbeiten. Den Teig zugedeckt so lange an einem warmen Ort gehen lassen, bis er sich sichtbar vergrößert hat, etwa 30 Minuten.

3. Für die Füllung inzwischen aus Pudding-Pulver, Milch und Zucker einen Pudding nach Packungsanleitung – aber nur mit 750 ml Milch – zubereiten. Sofort Frischhaltefolie direkt auf die Oberfläche legen. Pudding erkalten lassen, dann die Rosinen unterrühren.

4. Den gegangenen Teig auf einer leicht mit Mehl bestäubten Arbeitsfläche nochmals kurz durchkneten, dann zu einem Rechteck (40 x 60 cm) ausrollen. Pudding daraufgeben und glatt streichen. Den Teig von der längeren Seite aus aufrollen. Teigrolle in etwa 1 cm breite Scheiben schneiden und leicht überlappend auf ein Backblech (30 x 40 cm, gefettet, mit Backpapier belegt) legen. Den Schneckenkuchen zugedeckt nochmals so lange an einem warmen Ort gehen lassen, bis er sich sichtbar vergrößert hat, etwa 20 Minuten.

5. In der Zwischenzeit den Backofen vorheizen. Ober-/Unterhitze: etwa 200 °C , Heißluft: etwa 180 °C

echter Backschatz

6. Das Backblech in den vorgeheizten Backofen schieben. Den Schneckenkuchen **etwa 20 Minuten backen.**

7. Das Backblech auf einen Kuchenrost stellen. Konfitüre und Wasser in einem Topf pürieren, aufkochen und auf den heißen Kuchen streichen. Kuchen erkalten lassen.

Tipp: Schneckenkuchen schmeckt frisch am besten. Sie können ihn aber auch direkt nach dem Erkalten in Stücke schneiden, einfrieren und in Portionen wieder auftauen.

Kartoffel-Gugel 20 Stücke

PRO STÜCK: E: 3,7 g, F: 5,7 g, Kh: 22,0 g, kJ: 645, kcal: 154, BE: 2,0, Bst: 0,8 g
ZUBEREITUNGSZEIT: etwa 35 Minuten, ohne Teiggeh- und Abkühlzeit
BACKZEIT: etwa 25 Minuten

FÜR DEN HEFETEIG:

170 ml Milch (1,5 % Fett)
30 g Butter
300 g Weizenmehl
1 Pck. Dr. Oetker Trockenbackhefe
40 g Zucker
1 Prise Salz
1 Ei (Größe M)

FÜR DIE FÜLLUNG:

300 g vorwiegend festkochende Kartoffeln

100 g grob gehackte Walnusskerne
90 g Zucker
60 ml Kondensmilch (4 % Fett)

20 g Puderzucker zum Bestäuben

etwa 4 g Butter für die Form

1. Für den Teig Milch in einem Topf erwärmen und die Butter darin zerlassen.

2. Mehl in einer Rührschüssel mit Trockenbackhefe sorgfältig vermischen. Zucker, Salz, Ei und die warme Milch-Butter-Mischung hinzufügen, mit einem Mixer (Knethaken) zunächst kurz auf niedrigster, dann auf höchster Stufe in etwa 5 Minuten zu einem glatten Teig verarbeiten. Den Teig zugedeckt so lange an einem warmen Ort gehen lassen, bis er sich sichtbar vergrößert hat, etwa 30 Minuten.

3. Für die Füllung in der Zwischenzeit die Kartoffeln unter fließendem Wasser abbürsten, knapp mit Wasser bedeckt, zugedeckt zum Kochen bringen und in 20–25 Minuten gar kochen. Kartoffeln abgießen, mit kaltem Wasser abschrecken und abtropfen lassen. Kartoffeln noch warm pellen, mit einer Gabel zerdrücken und abkühlen lassen.

4. Einen Bogen Backpapier auf ein großes Holzbrett legen. Nüsse in einer Pfanne ohne Fett unter Wenden leicht anrösten, dann mit Zucker bestreuen und unter Rühren hellbraun karamellisieren lassen. Die heiße Masse sofort auf das Backpapier geben und erkalten lassen. Anschließend in grobe Stücke hacken und mit den zerdrückten Kartoffeln und der Kondensmilch verrühren.

5. Den Teig auf einer leicht bemehlten Arbeitsfläche nochmals kurz durchkneten, dann zu einem Rechteck (40 x 30 cm) ausrollen. Kartoffelmasse darauf glatt streichen, dabei rundherum einen etwa 1 ½ cm breiten Rand frei lassen. Den Teig von der langen Seite aus aufrollen. Teigrolle mit der Naht nach oben in eine Gugelhupfform (Ø 22 cm, leicht gefettet) legen, dann zugedeckt an einem warmen Ort nochmals etwa 20 Minuten gehen lassen.

wunderbar fluffig, wunderbar nussig

6. Inzwischen den Backofen vorheizen.
Ober-/Unterhitze: etwa 200 °C, Heißluft: etwa 180 °C

7. Die Form auf dem Rost in den vorgeheizten Backofen
schieben. Den Gugel **etwa 25 Minuten backen.**

8. Die Form auf einen Kuchenrost stellen. Den Gugel etwa
5 Minuten in der Form abkühlen lassen. Anschließend
aus der Form auf den mit Backpapier belegten Kuchenrost stürzen und erkalten lassen. Den Kartoffel-Gugel mit
Puderzucker bestäuben.

»Gugel-Hugo« 20 Stücke

PRO STÜCK: E: 2,6 g, F: 1,4 g, Kh: 18,1 g, kJ: 408, kcal: 97, BE: 1,5, Bst: 0,4 g
ZUBEREITUNGSZEIT: 30 Minuten, ohne Abkühlzeit
BACKZEIT: etwa 40 Minuten

FÜR DEN TEIG:

4 Eier (Größe M)
100 g Zucker
1 Pck. Dr. Oetker Vanillin-Zucker
1 Prise Salz
180 g Weizenmehl
40 g Hartweizengrieß
2 gestr. TL Dr. Oetker Backin
100 g Joghurt (0,1 % Fett)

FÜR DEN SIRUP À LA HUGO:

4 Bio-Limetten (unbehandelt, unge-wachst – je 70 g)

70 ml Holunderblütensirup
20 g Zucker
300 ml Wasser

1 Holzstäbchen (Schaschlikspieß)
4 g Butter für die Form

1. Den Backofen vorheizen.
Ober-/Unterhitze: etwa 180 °C, Heißluft: etwa 180 °C

2. Für den Teig Eier mit einem Mixer (Rührstäbe) auf höchster Stufe in 1 Minute schaumig schlagen. Zucker mit Vanillin-Zucker und Salz mischen, in 1 Minute einstreuen, dann noch etwa 2 Minuten schlagen.

3. Mehl mit Grieß und Backpulver gut vermischen, die Hälfte davon auf die Eiercreme geben und kurz auf nied-rigster Stufe unterrühren. Restliches Mehlgemisch auf die gleiche Weise unterarbeiten. Zuletzt den Joghurt kurz unterrühren.

4. Den Teig in eine Gugelhupfform (Ø 22 cm, leicht gefet-tet) geben und glatt streichen. Die Form auf dem Rost in den vorgeheizten Backofen schieben. Den Gugelhupf **etwa 40 Minuten backen.**

5. Für den Sirup in der Zwischenzeit die Limetten heiß abwaschen und abtrocknen. Die Schale der Limetten fein abreiben, ein Viertel davon zum Garnieren beiseitelegen. Alle Limetten halbieren und den Saft auspressen. 90 ml Limettensaft abmessen und mit Limettenschale, Holunder-blütensirup, Zucker und Wasser in einem Topf aufkochen lassen. Den Sirup erkalten lassen.

6. Die Kuchenform auf einen Kuchenrost stellen. Den Gugelhupf etwa 10 Minuten in der Form abkühlen las-sen. Anschließend mit dem Holzstäbchen dicht an dicht tief einstechen. Den Gugelhupf in der Form mit dem Sirup beträufeln.

alkoholfrei

7. Sobald der Sirup aufgesogen ist, den Gugelhupf auf
einen Teller stürzen und erkalten lassen. Dabei evtl. abtrop-
fenden Sirup wieder auf den Gugelhupf träufeln. Den
Gugelhupf mit Limettenschale bestreuen.

Bean & Cherry Cake 15 Stücke

PRO STÜCK: E: 4,7 g, F: 5,5 g, Kh: 23,0 g, kJ: 678, kcal: 162, BE: 2,0, Bst: 2,3 g
ZUBEREITUNGSZEIT: 30 Minuten, ohne Abkühlzeit
BACKZEIT: etwa 50 Minuten

ZUM VORBEREITEN:

80 g gehackte Haselnusskerne
250 g weiße Bohnen (aus der Dose)
100 g Buttermilch

FÜR DEN TEIG:

3 Eier (Größe M)
100 g Zucker
1 Pck. Dr. Oetker Vanillin-Zucker
150 g Weizenmehl
2 gestr. TL Dr. Oetker Backin
1 Msp. gem. Zimt
½ Pck. Dr. Oetker Finesse Geriebene Zitronenschale (3 g)

350 g abgetropfte Sauerkirschen (aus dem Glas)

ZUM GARNIEREN:

30 g Zartbitter-Schokolade (etwa 50 % Kakaoanteil)
1 TL Milch (1,5 % Fett – 5 g)

1. Den Backofen vorheizen.
Ober-/Unterhitze: etwa 180 °C, Heißluft: etwa 160 °C

2. Zum Vorbereiten Nüsse in einer Pfanne ohne Fett unter Wenden goldbraun rösten und anschließend auf einem Teller erkalten lassen. Die Bohnen in einem Sieb abspülen und abtropfen lassen. Anschließend die Bohnen mit der Buttermilch in einen hohen Rührbecher geben und fein pürieren.

3. Für den Teig Eier in einer Schüssel mit einem Mixer (Rührstäbe) auf höchster Stufe in 1 Minute schaumig schlagen. Zucker mit Vanillin-Zucker mischen, in 1 Minute einstreuen, dann noch etwa 2 Minuten schlagen.

4. Das Bohnenpüree unterrühren. Mehl mit Backpulver, Zimt und Zitronenschale gut vermischen. Die Mehlmischung und die gerösteten Nüsse auf die Eier-Bohnen-Masse geben und kurz auf niedrigster Stufe unterrühren.

5. Die Hälfte des Teiges in eine Kastenform (25 x 11 cm, gefettet, mit passend geschnittenem Backpapier ausgelegt) geben. Die Hälfte der Kirschen gleichmäßig darauf verteilen. Restlichen Teig daraufgeben, glatt streichen und mit den restlichen Kirschen belegen. Die Form auf dem Rost in den vorgeheizten Backofen schieben. Den Bohnenkuchen **etwa 50 Minuten backen.**

6. Die Form auf einen Kuchenrost stellen. Den Kuchen etwa 5 Minuten in der Form abkühlen lassen. Anschließend vorsichtig aus der Form stürzen, umdrehen und auf dem mit Backpapier belegten Kuchenrost erkalten lassen.

7. Zum Garnieren Schokolade in Stücke brechen, mit der Milch in einem Topf im Wasserbad bei schwacher Hitze unter Rühren schmelzen. Den Topf aus dem Wasserbad nehmen. Die Schokolade in einen kleinen Gefrierbeutel geben und eine Ecke abschneiden. Die Schokolade auf den Bean & Cherry Cake träufeln und fest werden lassen.

Zebra-Gewürzkuchen 15 Stücke

PRO STÜCK: E: 3,4 g, F: 6,3 g, Kh: 20,0 g, kJ: 630, kcal: 151, BE: 1,5, Bst: 1,3 g
ZUBEREITUNGSZEIT: 20 Minuten, ohne Abkühlzeit
BACKZEIT: etwa 45 Minuten

ZUM VORBEREITEN:

200 g vorgegarte Rote Bete
(aus dem Vakuum-Pack)

100 ml Orangensaft
1 gestr. TL Natron
100 g flüssiger Honig
2 Eier (Größe M)
30 g neutrales Speiseöl, z. B. Keimöl

FÜR DEN TEIG:

150 g Weizenmehl
50 g Hartweizengrieß
2–3 gestr. TL Lebkuchengewürz (8 g)
80 g gem. Haselnusskerne
20 g brauner Zucker
1 Pck. Dr. Oetker Vanillin-Zucker
1 Prise Salz

20 g Puderzucker zum Bestäuben

1. Den Backofen vorheizen.
Ober-/Unterhitze: etwa 180 °C, Heißluft: etwa 160 °C

2. Zum Vorbereiten die Rote Bete in Stücke schneiden. Rote-Bete-Stücke mit Orangensaft und Natron in einen hohen Rührbecher geben und fein pürieren. Honig, Eier und Speiseöl dazugeben und kurz darunter pürieren.

3. Für den Teig Mehl mit Hartweizengrieß, Lebkuchengewürz, Nüssen, Zucker, Vanillin-Zucker und Salz in einer Rührschüssel mischen.

4. Das Rote-Bete-Püree zu der Mehlmischung geben und mit einem Mixer (Rührstäbe) auf niedrigster Stufe kurz unterrühren.

5. Den Teig in eine Kastenform (25 x 11 cm, gefettet, mit passend geschnittenem Backpapier ausgelegt) geben und glatt streichen. Die Form auf dem Rost in den vorgeheizten Backofen schieben. Den Gewürzkuchen **etwa 45 Minuten backen.**

6. Die Form auf einen Kuchenrost stellen. Den Kuchen etwa 5 Minuten in der Form abkühlen lassen. Anschließend vorsichtig aus der Form stürzen, umdrehen und auf dem Kuchenrost erkalten lassen.

7. Für das Zebramuster mehre Papierstreifen auf den Kuchen legen. Den Kuchen mit Puderzucker bestäuben, dann die Streifen vorsichtig wieder entfernen.

Friesische Teetorte 12 Stücke

PRO STÜCK: E: 5,1 g, F: 5,1 g, Kh: 32,9 g, kJ: 835, kcal: 200, BE: 2,5, Bst: 0,9 g
ZUBEREITUNGSZEIT: 40 Minuten, ohne Quell- und Abkühlzeit
BACKZEIT: 8–10 Minuten je Tortenboden

ZUM VORBEREITEN:

150 g Rosinen

100 ml Wasser

50 g Butter mit Buttermilch (39 % Fett)

50 g Joghurt (0,1 % Fett)

FÜR DEN TEIG:

3 Eiweiß (Größe M)

50 g Zucker

1 Pck. Dr. Oetker Vanillin-Zucker

120 g Weizenmehl

2 gestr. TL Dr. Oetker Backin

50 g Speisestärke

40 g Grümmelkandis (brauner Teekandis)

FÜR DIE TEE-CREME:

500 ml Milch (1,5 % Fett)

2 EL aromatisierter schwarzer Tee (10 g lose Blätter, z.B. Ostfriesentee)

7 Blatt weiße Gelatine

150 g Schlagcreme (fettreduzierter Schlagsahneersatz, 21 % Fett, aus dem Kühlregal)

30 g Puderzucker

evtl. unbehandelte frische oder getrocknete Blütenblätter zum Garnieren

1. Rosinen und Wasser zugedeckt zum Kochen bringen. Topf von der Kochstelle nehmen. Rosinen etwa 10 Minuten quellen lassen. Dann Butter hinzugeben, alles fein pürieren und lauwarm abkühlen lassen. Joghurt unterrühren.

2. Den Backofen vorheizen.
Ober-/Unterhitze: etwa 200 °C, Heißluft: etwa 180 °C

3. Für den Teig Eiweiß mit einem Mixer (Rührstäbe) auf höchster Stufe steif schlagen. Nach und nach Zucker und Vanillin-Zucker unterschlagen. So lange schlagen, bis sich der Zucker aufgelöst hat und der Eischnee stark glänzt.

4. Rosinenpüree kurz unter den Eischnee rühren. Mehl mit Backpulver und Stärke gut vermischen und in 2 Portionen auf niedrigster Stufe kurz unterrühren.

5. Aus dem Teig 3 Böden backen. Dafür jeweils ein Drittel Teig auf einen Springformboden (Ø 26 cm, gefettet, mit Backpapier belegt) geben, glatt streichen, mit einem Drittel Kandis bestreuen. Böden ohne Springformrand nacheinander (bei Heißluft zusammen) in den vorgeheizten Backofen schieben. Jeden Boden **8–10 Minuten backen.**

6. Die Springformböden auf Kuchenroste stellen. Tortenböden nach etwa 5 Minuten lösen und auf mit Backpapier belegten Kuchenrosten erkalten lassen.

7. Für die Creme Milch und Tee zum Kochen bringen, von der Kochstelle nehmen und zugedeckt 3 Minuten ziehen lassen. Gelatine nach Packungsanleitung einweichen. Teemilch durch ein Sieb in eine Schüssel gießen. Teeblätter ausdrücken, dabei die Teemilch in der Schüssel auffangen. Gelatine leicht ausdrücken, in der heißen Teemilch unter

Rühren auflösen, abkühlen lassen. Teemilch in den Kühl-schrank stellen.

8. Sobald die Teemilch anfängt dicklich zu werden, Schlagcreme mit Puderzucker steif schlagen, vorsichtig unterrühren. 3 Esslöffel von der Teecreme beiseitestellen.

9. Die restliche Teecreme in gleich großen Portionen auf 2 Tortenböden verstreichen. Die bestrichenen Böden aufei-nandersetzen, mit dem unbestrichenen Boden belegen. Die Torte mit der beiseitegestellten Teecreme verzieren. Vor dem Servieren die Torte nach Belieben mit einigen vorbe-reiteten Blüten garnieren.

Tipp: Frische Blüten sollten ungespritzt und gewaschen sein. Es können auch Wildblumen wie zum Beispiel Gänse-blümchen verwendet werden.

Cassis-Schoko-Torte 12 Stücke

PRO STÜCK: E: 5,0 g, F: 6,4 g, Kh: 29,0 g, kJ: 868, kcal: 208, BE: 2,5, Bst: 2,1 g
ZUBEREITUNGSZEIT: 40 Minuten, ohne Kühlzeit
BACKZEIT: etwa 20 Minuten

FÜR DEN BISKUITTEIG:

4 Eier (Größe M)

2 EL heißes Wasser

90 g Zucker

1 Prise Salz

80 g Weizenmehl

1 gestr. TL Dr. Oetker Backin

1 Pck. Gala Schokoladen-Pudding-Pulver

FÜR DEN BELAG:

je 200 g vorbereitete rote und schwarze Johannisbeeren

4 Blatt weiße Gelatine

10 g Speisestärke

150 ml schwarzer Johannisbeernektar

25 g Zucker

1 Pck. Rotweincreme

250 g Schlagcreme (fettreduzierter Schlagsahneersatz, 21 % Fett, aus dem Kühlregal)

1 Btl. aus 1 Pck. Gelatine fix

1. Den Backofen vorheizen.
Ober-/Unterhitze: etwa 180 °C, Heißluft: etwa 160 °C

2. Für den Teig Eier und Wasser mit einem Mixer (Rührstäbe) auf höchster Stufe in 1 Minute schaumig schlagen. Zucker mit Salz in 1 Minute einstreuen, dann noch etwa 2 Minuten schlagen. Mehl mit Back- und Pudding-Pulver mischen, daraufgeben, kurz auf niedrigster Stufe unterrühren. Den Teig in einer Springform (Ø 26 cm, Boden gefettet, mit Backpapier belegt) glatt streichen. Die Form auf dem Rost in den vorgeheizten Backofen schieben. Den Biskuitboden **etwa 20 Minuten backen.**

3. Die Form auf einen Kuchenrost stellen. Den Springformrand entfernen. Biskuitboden auf dem Springformboden erkalten lassen. Dann das Backpapier entfernen. Den Biskuitboden auf eine Tortenplatte legen. Einen Tortenring darumstellen.

4. Für den Belag abgespülte und entstielte Johannisbeeren in eine Schüssel geben. Gelatine nach Packungsanleitung einweichen. Stärke mit 2 Esslöffeln von dem Nektar glatt rühren. Restlichen Nektar mit Zucker zum Kochen bringen. Die angerührte Stärke in den von der Kochstelle genommenen Saft rühren, dann unter Rühren nochmals zum Kochen bringen. Topf von der Kochstelle nehmen.

5. Gelatine leicht ausdrücken und in dem heißen Nektar unter Rühren auflösen. Dann zu den Johannisbeeren geben, gut durchrühren. Grütze abkühlen lassen.

6. Rotweincreme nach Packungsanleitung mit Rotwein (in der Packung enthalten) und Wasser zubereiten. Schlagcreme und Gelatine fix mit dem Mixer (Rührstäbe) steif

mit Rotwein

schlagen, dann unter die Rotweinmasse heben. Rotweincreme auf dem Tortenboden glatt streichen. Die Grütze
daraufgeben und leicht unterziehen. Die Torte zugedeckt
mindestens 60 Minuten in den Kühlschrank stellen.

Tipp: Sie können die frischen Johannisbeeren durch die
gleiche Menge TK-Beeren-Mix ersetzen. Dann die gefrore-
nen Früchte unter den heißen Saft mischen.

Beerige Hefe-Käsetorte 12 Stücke

PRO STÜCK: E: 9,3 g, F: 2,4 g, Kh: 29,3 g, kJ: 757, kcal: 181, BE: 2,5, Bst: 1,7 g
ZUBEREITUNGSZEIT: 45 Minuten, ohne Teiggeh- und Abkühlzeit
BACKZEIT: etwa 40 Minuten

FÜR DEN HEFETEIG:

200 g Weizenmehl
½ Pck. Dr. Oetker Trockenbackhefe (4 g)
30 g Zucker
½ Pck. Dr. Oetker Finesse Geriebene Zitronenschale (3 g)
10 g Speiseöl, z. B. Sonnenblumenöl
1 Prise Salz
knapp 125 ml Milch (1,5 % Fett)

FÜR DEN QUARKBELAG:

500 g Magerquark
50 g Zucker
2 Eigelb (Größe M)
15 g Speisestärke
½ Pck. Dr. Oetker Finesse Geriebene Zitronenschale (3 g)
2 Eiweiß (Größe M)

FÜR DEN BELAG:

300 g vorbereitete Himbeeren
1 Pck. ungezuckerter Tortenguss, rot
30 g Zucker
250 ml Apfelsaft, klar

1. Für den Teig Mehl in einer Rührschüssel mit Trockenbackhefe sorgfältig vermischen. Restliche Zutaten hinzufügen, mit einem Mixer (Knethaken) zunächst kurz auf niedrigster, dann auf höchster Stufe in etwa 5 Minuten zu einem glatten Teig verarbeiten. Den Teig zugedeckt so lange an einem warmen Ort gehen lassen, bis er sich sichtbar vergrößert hat, etwa 40 Minuten.

2. Für den Quarkbelag Quark mit Zucker, Eigelb, Speisestärke und Zitronenschale verrühren. Eiweiß steif schlagen und unter die Quarkmasse heben.

3. Den Backofen vorheizen.
Ober-/Unterhitze: etwa 160 °C, Heißluft: etwa 140 °C

4. Den Teig auf einer leicht bemehlten Arbeitsfläche nochmals kurz durchkneten, anschließend zu einer runden Platte (Ø 28 cm) ausrollen. Eine Springform (Ø 26 cm, Boden gefettet, mit Backpapier belegt) damit auslegen, dabei den Teig am Rand knapp 3 cm hoch drücken.

5. Die Quarkmasse auf den Hefeteigboden geben und glatt streichen. Den Teig etwa 5 Minuten ruhen lassen. Anschließend die Form auf dem Rost in den vorgeheizten Backofen schieben. Die Torte **etwa 40 Minuten backen.**

6. Die Form auf einen Kuchenrost stellen. Die Torte etwa 5 Minuten stehen lassen. Dann aus der Form lösen und auf dem Kuchenrost erkalten lassen. Die Himbeeren gleichmäßig auf der Torte verteilen. Aus Tortengusspulver, Zucker und Saft einen Guss nach Packungsanleitung zubereiten und auf den Früchten verteilen. Guss fest werden lassen.

gegen „Beerenhunger"

Birnen-Apfel-Torte (Titelrezept) 12 Stücke

PRO STÜCK: E: 4,4 g, F: 3,6 g, Kh: 27,9 g, kJ: 688, kcal: 164, BE: 2,5, Bst: 1,7 g
ZUBEREITUNGSZEIT: etwa 55 Minuten, ohne Kühlzeit
BACKZEIT: etwa 15 Minuten

FÜR DEN ALL-IN-TEIG:

100 g Weizenmehl
2 gestr. TL Dr. Oetker Backin
50 g Zucker
1 Pck. Dr. Oetker Vanillin-Zucker
3 Eier (Größe M)
20 g Speiseöl, z. B. Sonnenblumenöl
1 Pck. Dr. Oetker Finesse Geriebene Zitronenschale

ZUM BESTREICHEN:

60 g Aprikosenkonfitüre (kalorienreduziert)
2 EL Zitronensaft (24 g)

FÜR DEN BELAG:

500 g Birnen
350 g Äpfel
250 ml Apfelsaft
2 EL Instant-Getränkepulver Kirsch- oder Himbeer-Geschmack (30 g)
2 EL Zitronensaft (24 g)
30 g Zucker
6 Blatt weiße Gelatine
300 g Joghurt (1,5 % Fett)

1. Den Backofen vorheizen.
Ober-/Unterhitze: etwa 180 °C, Heißluft: etwa 160 °C

2. Für den Teig Mehl mit Backpulver in einer Rührschüssel mischen. Restliche Zutaten hinzufügen und mit einem Mixer (Rührstäbe) zunächst kurz auf niedrigster, dann auf höchster Stufe in etwa 2 Minuten zu einem glatten Teig verarbeiten.

3. Den Teig in eine Springform (Ø 26 cm, Boden gefettet, mit Backpapier belegt) geben und glatt streichen. Die Form auf dem Rost in den vorgeheizten Backofen schieben. Den Tortenboden **etwa 15 Minuten backen.**

4. Den Springformrand vorsichtig lösen und entfernen. Tortenboden auf einen mit Backpapier belegten Kuchenrost stürzen. Das mitgebackene Backpapier vorsichtig abziehen. Tortenboden erkalten lassen.

5. Den Tortenboden auf eine Tortenplatte legen. Die Oberfläche des Bodens mit einem Holzstäbchen mehrmals einstechen, einen Tortenring darumstellen.

6. Konfitüre durch ein Sieb in ein Schälchen streichen und mit dem Zitronensaft verrühren. Die Konfitüremasse gleichmäßig auf dem Tortenboden verstreichen.

7. Für den Belag Birnen und Äpfel schälen, achteln und entkernen. Apfelsaft in einen Topf geben, mit Getränkepulver, Zitronensaft und Zucker verrühren, anschließend unter Rühren zum Kochen bringen. Apfel- und Birnenstücke hinzugeben, etwa 5 Minuten leicht kochen lassen.

8. Gelatine nach Packungsanleitung einweichen. Die Birnen-Apfel-Masse in einem Sieb abtropfen lassen, den Saft dabei auffangen. Gelatine leicht ausdrücken, sofort in dem heißen Saft unter Rühren auflösen. Birnen- und Apfelstücke sowie Gelatinemasse erkalten lassen.

9. Die Birnen- und Apfelstücke auf dem Gebäckboden verteilen, dabei einen etwa 1 cm breiten Rand frei lassen. Sobald die Gelatinemasse anfängt dicklich zu werden, den Joghurt unterrühren. Joghurtmasse auf die Torte geben und gleichmäßig verteilen. Die Torte zugedeckt etwa 3 Stunden in den Kühlschrank stellen. Zum Servieren den Tortenring vorsichtig lösen und entfernen.

Tipp: Garnieren Sie die Torte mit 150 g Cantaloupe-Melonenkügelchen und 20 g gehackten Pistazienkernen (zusätzlich pro Stück: E: 0,5 g, F: 0,9 g, Kh: 1,7 g, kJ: 69, kcal: 17, BE: 0,0, Bst: 0,3 g)

Upside-down Cake 12 Stücke

PRO STÜCK: E: 2,7 g, F: 6,6 g, Kh: 24,2 g, kJ: 713, kcal: 171, BE: 2,0, Bst: 1,6 g
ZUBEREITUNGSZEIT: 40 Minuten, ohne Abkühlzeit
BACKZEIT: etwa 25 Minuten

FÜR DEN KNETTEIG:

200 g Weizenmehl
2 TL Puderzucker (8 g)
1 Eigelb (Größe M)
1 TL Dr. Oetker Finesse Geriebene Zitronenschale (5 g)
80 g Butter
2–3 EL Wasser

FÜR DEN BELAG:

500 g reife Aprikosen
1 reife Mango (500 g)

40 g brauner Zucker

1. Den Backofen vorheizen.
Ober-/Unterhitze: etwa 200 °C, Heißluft: etwa 180 °C

2. Für den Teig Mehl mit Puderzucker in einer Rührschüssel mischen. Restliche Zutaten hinzufügen und mit einem Mixer (Knethaken) zunächst kurz auf niedrigster, dann auf höchster Stufe gut durcharbeiten. Anschließend auf einer leicht bemehlten Arbeitsfläche kurz zu einem Teig verkneten. Den Teig bis zur Weiterverarbeitung in Frischhaltefolie gewickelt in den Kühlschrank legen.

3. Für den Belag Aprikosen waschen, halbieren und entsteinen. Mango abspülen, abtrocknen, das Fruchtfleisch vom Stein lösen, schälen, quer halbieren und in Spalten schneiden.

4. Eine Tarte- oder Springform (Ø 26–28 cm, Rand gefettet, Boden mit Backpapier belegt) mit dem Zucker bestreuen. Die Aprikosen mit der runden Seiten nach unten auf den braunen Zucker in die Form legen. Die Mangospalten in die Zwischenräume legen.

5. Den Teig auf der leicht bemehlten Arbeitsfläche zu einer runden Platte (Ø etwa 30 cm) ausrollen. Die Teigplatte auf die Früchte legen, den überstehenden Teig in die Form drücken. Teigplatte mehrmals mit einer Gabel einstechen. Die Form auf dem Rost in den vorgeheizten Backofen schieben. Die Tarte **etwa 25 Minuten backen.**

6. Den Gebäckrand sofort nach dem Backen mithilfe eines Messers vorsichtig vom Formrand lösen. Die Tarte etwa 15 Minuten in der Form abkühlen lassen. Dann aus der Form auf eine Kuchenplatte stürzen.

Zitronen-Blaubeer-Tarte 12 Stücke

PRO STÜCK: E: 2,5 g, F: 6,7 g, Kh: 16,8 g, kJ: 586, kcal: 140, BE: 1,5, Bst: 1,4 g
ZUBEREITUNGSZEIT: 25 Minuten, ohne Abkühlzeit
BACKZEIT: etwa 15 Minuten

ZUM VORBEREITEN:

2 Bio-Zitronen (unbehandelt, ungewachst)

FÜR DEN KNETTEIG:

40 g Roggen-Vollkornmehl
30 g Weizenmehl
1 Msp. Dr. Oetker Backin
40 g brauner Zucker (Rohrzucker)
50 g Joghurt-Butter (65 % Fett, zimmerwarm)
1 EL kaltes Wasser

FÜR DEN ZITRONENPUDDING:

250 ml Mineralwasser (ohne Kohlensäure)
40 g Zucker
1 Ei (Größe M)
30 g Speisestärke

FÜR DEN BELAG:

200 g Blaubeeren (Heidelbeeren)
400 g griechischer Sahnejoghurt (10 % Fett)

1. Zum Vorbereiten Zitronen heiß abwaschen, abtrocknen und die Schale fein abreiben. Die Zitronen halbieren, den Saft auspressen und 70 ml davon abmessen.
Den Backofen vorheizen.
Ober-/Unterhitze: etwa 200 °C, Heißluft: etwa 180 °C

2. Für den Teig beide Mehlsorten mit Backpulver und 1 Messerspitze von der Zitronenschale mischen. Restliche Zutaten hinzufügen, mit einem Mixer (Knethaken) erst kurz auf niedrigster, dann auf höchster Stufe gut durcharbeiten. Auf einer leicht bemehlten Arbeitsfläche kurz zu einem Teig verkneten, dann zu einer Kugel formen. Sollte der Teig kleben, ihn in Frischhaltefolie gewickelt eine Zeit lang in den Kühlschrank legen.

3. Den Teig auf der leicht bemehlten Arbeitsfläche zu einer runden Platte (Ø etwa 26 cm) ausrollen, auf den Boden einer Springform (Ø 26 cm, gefettet, mit Backpapier belegt) legen und mit einer Gabel mehrfach einstechen. Den Springformrand darumstellen. Die Form auf dem Rost in den vorgeheizten Backofen schieben. Den Knetteigboden in **etwa 15 Minuten goldbraun backen.**

4. Die Form auf einen Kuchenrost stellen. Den Knetteigboden in der Form erkalten lassen.

5. Für den Pudding 50 ml Mineralwasser mit Zucker, Ei und Stärke sorgfältig verrühren. Restliches Mineralwasser (200 ml) mit abgemessenem Zitronensaft und restlicher Zitronenschale in einem Topf zum Kochen bringen. Die angerührte Stärke in die von der Kochstelle genommenen Zitronenmischung rühren, nochmals kurz aufkochen. Den Zitronenpudding noch heiß in der Form auf dem Knetteigboden glatt streichen. Pudding erkalten lassen.

erfrischend

6. Für den Belag Blaubeeren verlesen, abspülen und sehr gut abtropfen lassen. Die Tarte vorsichtig aus der Form lösen und auf eine Kuchenplatte setzen. Den Joghurt glatt rühren, auf die Tarte geben und in leichten Wellen verstreichen. Die Tarte mit Blaubeeren belegen, sofort servieren.

Tipp: Möchten Sie die Tarte einige Stunden vor dem Verzehr fertig zubereiten, mischen Sie 1 Päckchen Sahnesteif mit 1 Teelöffel Puderzucker (zusätzlich pro Stück: E: 0,0 g, F: 0,0 g, Kh: 0,9 g, kJ: 16, kcal: 4, BE: 0,0, Bst: 0,0 g) und rühren die Mischung unter den Joghurt. Den Joghurt wie beschrieben auf die Tarte streichen und die Blaubeeren darauf verteilen.

Himbeer-Strudel-Torte 12 Stücke

PRO STÜCK: E: 12,1 g, F: 6,3 g, Kh: 30,1 g, kJ: 964, kcal: 231, BE: 2,5, Bst: 1,6 g
ZUBEREITUNGSZEIT: 60 Minuten, ohne Kühl- und Auftauzeit
BACKZEIT: etwa 20 Minuten

FÜR DEN KNETTEIG:

150 g Weizenmehl
1 gestr. TL Dr. Oetker Backin
60 g Zucker
70 g Butter oder Margarine
2 EL kaltes Wasser

FÜR DIE QUARKMASSE:

10 Blatt weiße Gelatine
1 Bio-Zitrone (unbehandelt, ungewachst)
750 g Magerquark
150 ml Milch (1,5 % Fett)
100 g saure Sahne (10 % Fett)
130 g Zucker

FÜR DIE FRUCHTMASSE:

250 g frische oder TK-Himbeeren
2 Blatt weiße Gelatine
1 TL Puderzucker (4 g)

ZUM GARNIEREN:

75 g frische verlesene Himbeeren

1. Für den Teig Mehl mit Backpulver in einer Rührschüssel mischen. Restliche Zutaten hinzufügen und mit einem Mixer (Knethaken) zunächst kurz auf niedrigster, dann auf höchster Stufe gut durcharbeiten. Anschließend auf einer leicht bemehlten Arbeitsfläche zu einem glatten Teig verkneten. Sollte er kleben, ihn in Frischhaltefolie gewickelt eine Zeit lang in den Kühlschrank legen.

2. Den Backofen vorheizen.
Ober-/Unterhitze: etwa 180 °C, Heißluft: etwa 160 °C

3. Den Teig auf dem Boden einer Springform (Ø 26 cm, gefettet, mit Backpapier belegt) ausrollen. Den Springformrand darumstellen. Den Teigboden mit einer Gabel mehrmals einstechen. Die Form auf dem Rost in den vorgeheizten Backofen schieben. Den Knetteigboden **etwa 20 Minuten backen.**

4. Die Form auf einen Kuchenrost stellen. Den Springformrand lösen und entfernen. Den Knetteigboden sofort vom Springformboden lösen, aber darauf erkalten lassen.

5. Den Knetteigboden anschließend auf eine Tortenplatte legen. Einen Tortenring oder den gesäuberten Springformrand darumstellen.

6. Für die Quarkmasse Gelatine nach Packungsanleitung einweichen. Die Zitrone heiß abwaschen, abtrocknen und die Hälfte der Schale fein reiben. Die Zitrone halbieren und den Saft auspressen. Quark mit Milch, saurer Sahne, Zitronenschale, Zucker und 1 Esslöffel Zitronensaft verrühren.

7. Gelatine leicht ausdrücken und in einem kleinen Topf bei schwacher Hitze unter Rühren auflösen.

8. Die aufgelöste Gelatine zunächst mit etwa 4 Esslöffeln von der Quarkmasse verrühren, dann unter die restliche Quarkmasse rühren.

9. Für die Fruchtmasse frische Himbeeren verlesen oder TK-Himbeeren auftauen lassen. Gelatine nach Packungsanleitung einweichen. Himbeeren pürieren, durch ein Sieb in eine Schüssel streichen, mit Puderzucker abschmecken.

10. Die Gelatine wie unter den Punkten 6 und 7 beschrieben einweichen und auflösen. Die aufgelöste Gelatine zunächst mit etwa 4 Esslöffeln von dem Himbeerpüree verrühren, dann unter das restliche Himbeerpüree rühren.

11. Die Quarkmasse auf dem Knetteigboden glatt streichen. Himbeerpüree daraufgeben und mithilfe eines Löffelstiels so durch die Quarkmasse ziehen, dass ein Marmormuster entsteht. Die Torte zugedeckt etwa 3 Stunden in den Kühlschrank stellen. Dann den Tortenring oder Springformrand vorsichtig entfernen. Die Torte nach Belieben mit Himbeeren garnieren.

Mango-Quark-Torte 12 Stücke

PRO STÜCK: E: 9,6 g, F: 6,6 g, Kh: 37,2 g, kJ: 1052, kcal: 251, BE: 3,0, Bst: 1,0 g
ZUBEREITUNGSZEIT: 35 Minuten, ohne Kühlzeit
BACKZEIT: 20–25 Minuten

ZUM VORBEREITEN:

70 g getrocknete Cranberrys
100 ml Wasser

FÜR DEN ALL-IN-TEIG:

100 g Weizenmehl
30 g Speisestärke
2 gestr. TL Dr. Oetker Backin
70 g Zucker
1 Ei (Größe M)
80 g Butter oder Margarine (zimmerwarm)
100 g Joghurt (1,5 % Fett)

FÜR DIE CREME:

8 Blatt weiße Gelatine
600 g Magerquark
100 ml Mango-Maracuja-Nektar
60 g Zucker
Schale und Saft von **1** Bio-Limette (unbehandelt, ungewachst – etwa 70 g)

FÜR DEN BELAG:

460 g abgetropfte Mangos (aus der Dose)
170 ml Mango-Saft (aus der Dose)
1 Pck. ungezuckerter Tortenguss, klar

1. Zum Vorbereiten Cranberrys in eine Schale geben. Wasser zum Kochen bringen. Die Cranberrys sofort damit übergießen und beiseitestellen.

2. Den Backofen vorheizen.
Ober-/Unterhitze: etwa 180 °C, Heißluft: etwa 160 °C

3. Für den Teig Mehl mit Speisestärke und Backpulver mischen. Restliche Zutaten hinzufügen, mit einem Mixer (Rührstäbe) zunächst kurz auf niedrigster, dann auf höchster Stufe in etwa 2 Minuten zu einem glatten Teig verrühren. Den Teig in eine Springform (Ø 26 cm, Boden gefettet, mit Backpapier belegt) geben und glatt streichen. Die Form auf dem Rost in den vorgeheizten Backofen (unteres Drittel) schieben. Den Tortenboden **20–25 Minuten backen.**

4. Die Form auf einen Kuchenrost stellen. Den Tortenboden etwa 10 Minuten in der Form abkühlen lassen, dann aus der Form lösen und auf dem Kuchenrost erkalten lassen. Das Backpapier entfernen. Den Tortenboden auf eine Tortenplatte legen. Einen Tortenring darumstellen.

5. Für die Creme Gelatine nach Packungsanleitung einweichen. Quark mit Nektar, Zucker, Limettenschale und 1 Esslöffel von dem Limettensaft verrühren (restlichen Limettensaft für den Guss beiseitestellen).

6. Die Gelatine leicht ausdrücken und in einem Topf unter Rühren auflösen. Aufgelöste Gelatine zuerst mit 4 Esslöffeln von der Quarkmasse verrühren, dann unter die restliche Quarkmasse rühren. Die Quarkmasse auf dem Tortenboden verstreichen, zugedeckt mindestens 2 Stunden in den Kühlschrank stellen.

7. Für den Belag die Cranberrys in einem Sieb sehr gut abtropfen lassen. Von den Mangos den Saft auffangen und 170 ml davon abmessen. Die Mangos in große Stücke schneiden. Mangos und Cranberrys auf der Torte gleichmäßig verteilen.

8. Den abgemessenen Mangosaft mit 2 Esslöffeln von dem restlichen Limettensaft sowie Wasser auf 250 ml auffüllen. Aus Tortengusspulver und Saftmischung nach Packungsanleitung – aber ohne Zucker – einen Guss zubereiten. Den Guss auf der Tortenoberfläche verteilen.

9. Die Torte zugedeckt nochmals mindestens 60 Minuten in den Kühlschrank stellen. Den Tortenring vorsichtig lösen und entfernen.

Kirschstrudel 12 Stücke (3 Strudel)

PRO STÜCK: E: 3,0 g, F: 3,7 g, Kh: 27,8 g, kJ: 671, kcal: 160, BE: 2,5, Bst: 1,4 g
ZUBEREITUNGSZEIT: 25 Minuten
BACKZEIT: etwa 30 Minuten

FÜR DIE FÜLLUNG:

70 g Vollkorn-Butterkekse
1 TL gem. Zimt (3 g)
1 Msp. gem. Ingwer

AUSSERDEM:

20 g Butter
100 ml Milch (1,5 % Fett)
250 g Yufkateig (10 Platten,
30 x 31 cm, aus dem Kühlregal)

700 g abgetropfte Sauerkirschen
(aus dem Glas)

1. Für die Füllung Butterkekse in einen Gefrierbeutel geben. Den Beutel fest verschließen. Die Kekse mit einer Teigrolle grob zerbröseln, in eine Schüssel geben, mit Zimt und Ingwer mischen. Butter zerlassen und mit der Milch verrühren.

2. Den Backofen vorheizen.
Ober-/Unterhitze: etwa 180 °C, Heißluft: etwa 160 °C

3. Für jeden Strudel 3 Teigplatten mit etwas von der Butter-Milch-Mischung bestreichen. Die Platten so aufeinanderlegen, dass jeweils eine 60 x 30 cm große Platte entsteht, dabei soll eine kurze Seite unten liegen.

4. Die letzte Teigplatte aus der Packung in 3 gleich große Streifen schneiden. Jeden Streifen mit etwas von der Butter-Milch-Mischung bestreichen. Jeweils 1 Streifen in die Mitte einer großen Teigplatte legen.

5. Kirschen und Kekskrümel gleichmäßig jeweils auf dem unteren Drittel der Teigplatten verteilen. Die Platten von der unteren kurzen Seite aus locker aufrollen. Die Kirschstrudel auf ein Backblech (mit Backpapier belegt) legen.

6. Die Kirschstrudel mehrmals mit der restlichen Butter-Milch-Mischung bestreichen. Das Backblech in den vorgeheizten Backofen schieben. Die Kirschstrudel **etwa 30 Minuten backen.**

7. Das Backblech auf einen Kuchenrost stellen. Die Strudel kurz etwas abkühlen lassen. Die Kirschstrudel in Stücke schneiden und lauwarm servieren.

Knuspergenuss

Tipps: Yufkateig-Platten sind hauchdünn. Sie finden sie im Kühlregal in gut sortierten Supermärkten. Die Strudel mit einem Klecks Joghurt-Creme servieren. Dafür 100 g Schlagcreme (Schlagsahneersatz, 21 % Fett, aus dem Kühlregal) steif schlagen. 70 g Joghurt (3,5 % Fett) mit 1 Teelöffel Zucker (5 g) gut verrühren. Die Schlagcreme unterrühren (zusätzlich pro Stück: E: 0,4 g, F: 2,0 g, Kh: 1,0 g, kJ: 95, kcal: 23, BE: 0,0, Bst: 0,0 g).

Schwedenrolle 16 Stücke

PRO STÜCK: E: 5,6 g, F: 4,8 g, Kh: 26,2 g, kJ: 739, kcal: 176, BE: 2,0, Bst: 0,9 g
ZUBEREITUNGSZEIT: 40 Minuten, ohne Kühlzeit
BACKZEIT: 8–10 Minuten

FÜR DEN BISKUITTEIG:

4 Eier (Größe M)
1 Eigelb (Größe M)
125 g Zucker
1 Pck. Dr. Oetker Vanillin-Zucker
125 g Weizenmehl
½ gestr. TL Dr. Oetker Backin
60 g gehobelte Mandeln

10 g Zucker zum Bestreuen

FÜR DIE FÜLLUNG:

8 Blatt weiße Gelatine
355 g Apfelkompott (aus dem Glas)
250 g Bourbon-Vanille-Sauce (aus dem Kühlregal)
250 g Vanille-Joghurt (0,1 % Fett)
100 ml Eierlikör

etwa 15 g Puderzucker zum Bestäuben

1. Den Backofen vorheizen.
Ober-/Unterhitze: etwa 200 °C, Heißluft: etwa 180 °C

2. Für den Teig Eier und Eigelb mit einem Mixer (Rührstäbe) auf höchster Stufe in 1 Minute schaumig schlagen. Zucker mit Vanillin-Zucker mischen, in 1 Minute einstreuen, dann noch etwa 2 Minuten schlagen.

3. Mehl mit Backpulver mischen, auf die Eiercreme geben und kurz auf niedrigster Stufe unterrühren. Den Teig auf ein Backblech (30 x 40 cm, gefettet, mit Backpapier belegt) geben und glatt streichen. Den Biskuitteig mit den gehobelten Mandeln bestreuen. Das Backblech in den vorgeheizten Backofen schieben. Die Biskuitplatte **8–10 Minuten backen.**

4. Die Biskuitplatte sofort nach dem Backen vom Rand lösen, auf ein mit Zucker bestreutes Stück Backpapier stürzen und erkalten lassen.

5. Für die Füllung Gelatine nach Packungsanleitung einweichen. Apfelkompott mit einer Gabel etwas zerdrücken. Die Gelatine leicht ausdrücken und in einem kleinen Topf bei schwacher Hitze unter Rühren auflösen.

6. Das Apfelkompott (bis auf 2 Esslöffel) unter die Gelatine rühren. Vanille-Sauce, -Joghurt und Eierlikör verrühren. Die Apfelkompott-Gelatine-Masse dazugeben und unterrühren. Die Masse zugedeckt in den Kühlschrank stellen, so lange, bis sie anfängt dicklich zu werden.

7. In der Zwischenzeit das mitgebackene Backpapier vorsichtig von der Biskuitplatte abziehen.

mit Eierlikör

8. Dann die Biskuitplatte gleichmäßig mit dem beiseite-gestellten (2 Esslöffel) Apfelkompott bestreichen, dabei rundherum den Rand frei lassen. Die kühl gestellte Apfel-kompottmasse daraufgeben und glatt streichen. Die Bis-kuitplatte mithilfe des Backpapiers von der längeren Seite aus aufrollen. Die Schwedenrolle zugedeckt etwa 2 Stun-den in den Kühlschrank stellen.

9. Die Schwedenrolle vor dem Servieren mit Puderzucker bestäuben.

Kirsch-Limetten-Rolle 16 Stücke

PRO STÜCK: E: 3,3 g, F: 4,0 g, Kh: 19,6 g, kJ: 540, kcal: 130, BE: 1,5, Bst: 0,3 g
ZUBEREITUNGSZEIT: 45 Minuten, ohne Kühlzeit
BACKZEIT: etwa 8 Minuten

FÜR DEN BISKUITTEIG:

3 Eier (Größe M)
1 Eigelb (Größe M)
4 EL heißes Wasser
90 g Zucker
1 Pck. Dr. Oetker Vanillin-Zucker
75 g Weizenmehl
25 g Speisestärke
1 gestr. TL Dr. Oetker Backin

FÜR DIE FÜLLUNG:

6 Blatt weiße Gelatine
2 Bio-Limetten (unbehandelt, ungewachst)
50 g Zucker
200 g Dickmilch (1,5 % Fett)
100 g Schlagcreme (fettreduzierter Schlagsahneersatz, 21 % Fett, aus dem Kühlregal)
350 g abgetropfte Sauerkirschen (aus dem Glas)

ZUM GARNIEREN:

70 g Schlagcreme (fettreduzierter Schlagsahneersatz, 21 % Fett, aus dem Kühlregal)
30 g Dickmilch (1,5 % Fett)
1–2 TL Sauerkirschsaft (aus dem Glas – 7 g)

1. Den Backofen vorheizen.
Ober-/Unterhitze: etwa 200 °C, Heißluft: etwa 180°C

2. Für den Teig Eier, Eigelb und Wasser mit einem Mixer (Rührstäbe) auf höchster Stufe in 1 Minute schaumig schlagen. Zucker mit Vanillin-Zucker mischen, in 1 Minute einstreuen, dann noch etwa 2 Minuten schlagen.

3. Mehl mit Stärke und Backpulver mischen, kurz auf niedrigster Stufe unterrühren. Teig auf ein Backblech (30 x 40 cm, gefettet, mit Backpapier belegt) geben und glatt streichen. Das Backblech in den vorgeheizten Back-ofen schieben. Die Biskuitplatte **etwa 8 Minuten backen.**

4. Die Biskuitplatte sofort auf ein Stück Backpapier stür-zen. Mitgebackenes Backpapier abziehen und wieder auf die Platte legen. Die Biskuitplatte erkalten lassen.

5. Für die Füllung Gelatine nach Packungsanleitung ein-weichen. Die Limetten heiß abwaschen und abtrocknen. Von einer der Limetten die Schale fein abreiben, von der anderen Limette die Schale fein abhobeln oder mit einem Zestenreißer in feinen Streifen abziehen. Hobel bzw. Strei-fen zum Garnieren beiseitelegen. Alle Limetten halbieren und den Saft auspressen. 4 Esslöffel von dem Limetten-saft mit der fein abgeriebenen Limettenschale und dem Zucker unter die Dickmilch rühren.

6. Die Gelatine leicht ausdrücken und in einem klei-nen Topf bei schwacher Hitze unter Rühren auflösen. Die aufgelöste Gelatine zuerst mit etwa 4 Esslöffeln von der Dickmilchmasse verrühren, dann unter die restliche Dick-milchmasse rühren. Sobald die Masse anfängt dicklich zu werden, Schlagcreme steif schlagen und unterheben.

luftiger Teig, cremig gefüllt

7. Das mitgebackene Backpapier von der Biskuitplatte nehmen. Die Dickmilchcreme auf die Platte geben und gleichmäßig verstreichen.

8. Von den Sauerkirschen den Saft auffangen und beiseitestellen. Die Kirschen gleichmäßig auf der Dickmilchcreme verteilen, dabei den Rand frei lassen. Die Biskuitplatte mithilfe des Backpapiers von der langen Seite aus aufrollen. Biskuitrolle zugedeckt mindestens 2 Stunden in den Kuhlschrank stellen.

9. Zum Garnieren Schlagcreme steif schlagen. Nacheinander erst die Dickmilch, dann 1–2 Teelöffel von dem beiseitegestellten Kirschsaft unterschlagen. Die Biskuitrolle mit der Creme bestreichen und mit der beiseitegelegten Limettenschale garnieren.

Milchschaum-Schnitten 20 Stücke

PRO STÜCK: E: 4,2 g, F: 3,9 g, Kh: 15,4 g, kJ: 478, kcal: 114, BE: 1,5, Bst: 0,4 g
ZUBEREITUNGSZEIT: 20 Minuten, ohne Kühlzeit
BACKZEIT: etwa 8 Minuten

FÜR DEN BELAG:

10 Blatt weiße Gelatine
600 ml Milch (1,5 % Fett)
50 g flüssiger Honig, z. B. Blüten-
honig

FÜR DEN BISKUITTEIG:

3 Eier (Größe M)
2 Eigelb (Größe M)
2 EL heißes Wasser
80 g Zucker
1 Pck. Dr. Oetker Vanillin-Zucker
1 Prise Salz
100 g Weizenmehl
20 g Speisestärke
10 g gesiebter Backkakao
1 gestr. TL Dr. Oetker Backin

2 Eiweiß (Größe M)
40 g Zucker
2 EL heißes Wasser
100 g Schlagsahne (30 % Fett)
1 TL Dr. Oetker Bourbon-Vanille-
Zucker (5 g)
20 g Zartbitter-Raspelschokolade

1. Für den Belag Gelatine nach Packungsanleitung einweichen. Die Hälfte der Milch mit dem Honig in einem Topf
bei schwacher Hitze schaumig schlagen (nicht kochen).
Den Topf von der Kochstelle nehmen.

2. Die eingeweichte Gelatine ausdrücken und in der heißen Honigmilch unter Rühren auflösen. Restliche Milch
unterrühren. Die Honigmilch zum Gelieren in den Kühlschrank stellen, dabei gelegentlich mit einem Schneebesen umrühren.

3. Den Backofen vorheizen.
Ober-/Unterhitze: etwa 200 °C, Heizluft: etwa 180 °C

4. Für den Teig Eier, Eigelb und Wasser in einer Rührschüssel mit einem Mixer (Rührstäbe) auf höchster Stufe
in etwa 1 Minute schaumig schlagen. Zucker mit Vanillin-
Zucker und Salz mischen, in 1 Minute einstreuen, dann
noch etwa 2 Minuten schlagen.

5. Mehl mit Speisestärke, Kakao und Backpulver mischen.
Die Hälfte davon auf die Eiercreme geben und kurz auf
niedrigster Stufe unterrühren. Restliches Mehlgemisch auf
die gleiche Weise unterarbeiten.

6. Den Teig in ein tiefes Backblech (30 x 40 cm, gefet-
tet, mit Backpapier belegt) geben und glatt streichen. Das
Backblech in den vorgeheizten Backofen schieben. Die
Biskuitplatte **etwa 8 Minuten backen.**

7. Das Backblech auf einen Kuchenrost stellen. Die Biskuitplatte erkalten lassen.

leichtes Schokoglück

8. Sobald die Honigmilch anfängt dicklich zu werden, Eiweiß mit dem Mixer (Rührstäbe) auf höchster Stufe steif schlagen. Nach und nach den Zucker unterschlagen und so lange schlagen, bis der Eischnee stark glänzt. 2 Esslöffel heißes Wasser unter ständigem Schlagen nach und nach hinzugeben.

9. Die Sahne mit Vanille-Zucker steif schlagen. Zuerst die Sahne, dann den Eischnee unter die gelierende Honig-milch heben. Die Creme auf der Biskuitplatte verteilen, glatt streichen und mit Raspelschokolade bestreuen. Den Kuchen zugedeckt etwa 2 Stunden in den Kühlschrank stellen. Den Milchschaum fest werden lassen.

Hinweis: Für den Belag nur ganz frische Eier verwen-den, die nicht älter als 5 Tage sind (Legedatum beachten!). Den Kuchen im Kühlschrank aufbewahren und innerhalb von 24 Stunden verzehren.

Joghurtschnitten 20 Stücke

PRO STÜCK: E: 4,4 g, F: 4,3 g, Kh: 22,9 g, kJ: 629, kcal: 151, BE: 2,0, Bst: 1,0 g
ZUBEREITUNGSZEIT: 60 Minuten, ohne Kühlzeit
BACKZEIT: etwa 10 Minuten

FÜR DEN BISKUITTEIG:

4 Eier (Größe M)
110 g Zucker
1 Pck. Dr. Oetker Vanillin-Zucker
150 g Weizenmehl
1 gestr. TL Dr. Oetker Backin

FÜR DEN BELAG:

etwa 500 g frisches Obst, z. B. Erd-beeren und Himbeeren

12 Blatt weiße Gelatine
500 g Joghurt (1,5 % Fett)
250 g saure Sahne (10 % Fett)
etwa 120 g gesiebter Puderzucker (je nach Süße der Früchte)
1 Pck. Dr. Oetker Vanillin-Zucker
1–2 EL Zitronensaft
150 g Schlagcreme (fettreduzierter Schlagsahneersatz, 21 % Fett, aus dem Kühlregal)

ZUM BESTREICHEN:

100 g Aprikosenkonfitüre
2 EL Wasser

1. Den Backofen vorheizen.
Ober-/Unterhitze: etwa 200 °C, Heißluft: etwa 180 °C

2. Für den Teig die Eier mit einem Mixer (Rührstäbe) auf höchster Stufe in 1 Minute schaumig schlagen. Zucker mit Vanillin-Zucker mischen, in 1 Minute einstreuen, dann noch etwa 2 Minuten schlagen.

3. Mehl mit Backpulver mischen und kurz auf nied-rigster Stufe unterrühren. Den Teig auf ein Backblech (30 x 40 cm, gefettet, mit Backpapier belegt) geben und glatt streichen. Das Backblech in den vorgeheizten Backofen schieben. Die Biskuitplatte **etwa 10 Minuten backen.**

4. Die Biskuitplatte vorsichtig vom Backblechrand lösen, dann mit dem Backpapier vom Backblech auf einen Kuchenrost ziehen. Die Biskuitplatte erkalten lassen.

5. Für den Belag Erdbeeren abspülen, gut abtropfen las-sen, entstielen und klein schneiden. Himbeeren verlesen und nach Möglichkeit nicht abspülen.

6. Die Gelatine nach Packungsanleitung einweichen. Joghurt und saure Sahne verrühren, Puderzucker, Vanil-lin-Zucker und Zitronensaft unterrühren. Gelatine leicht ausdrücken und in einem kleinen Topf bei schwacher Hitze unter Rühren auflösen.

7. Die aufgelöste Gelatine zuerst mit etwa 4 Esslöffeln von der Joghurtmasse verrühren, dann unter die restli-che Joghurtmasse rühren. Die Schlagcreme steif schla-gen. Sobald die Joghurtmasse anfängt dicklich zu werden, Schlagcreme und Obststücke unterheben.

sommerlich

8. Zum Bestreichen Aprikosenkonfitüre mit Wasser glatt rühren. Die Biskuitplatte umgedreht auf ein sauberes Backblech legen. Das Backpapier vorsichtig abziehen. Die Biskuitplatte gerade schneiden, mit der Konfitüre bestreichen und dann einen Backrahmen darumstellen. Die Joghurt-Frucht-Creme auf den Biskuitboden geben und glatt streichen. Den Kuchen zugedeckt mindestens 2 Stunden in den Kühlschrank stellen.

9. Den Backrahmen mit einem Messer vorsichtig lösen und entfernen. Den Kuchen in Schnitten schneiden.

Tipp: Die Schnitten mit 125 g verlesenen Himbeeren garnieren (zusätzlich pro Stück: E: 0,1 g, F: 0,0 g, Kh: 0,3 g, kJ: 9, kcal: 2, BE: 0,0, Bst: 0,3 g).

Aprikosenschnitten 12 Stücke

PRO STÜCK: E: 6,0 g, F: 6,9 g, Kh: 36,6 g, kJ: 976, kcal: 234, BE: 3,0, Bst: 1,2 g
ZUBEREITUNGSZEIT: 50 Minuten, ohne Kühlzeit
BACKZEIT: etwa 10 Minuten

FÜR DEN BISKUITTEIG:

4 Eier (Größe M)
4 EL heißes Wasser
100 g Zucker
1 Pck. Dr. Oetker Vanillin-Zucker
75 g Weizenmehl
50 g Speisestärke
1 Msp. Dr. Oetker Backin

20 g Zucker zum Bestreuen

FÜR DIE FÜLLUNG:

8 Blatt weiße Gelatine
480 g abgetropfte Aprikosenhälften
(natursüß, aus der Dose)
300 g Joghurt (0,1 % Fett)
70 g Zucker
1–2 TL Zitronensaft
25 g gehackte Pistazienkerne
200 g Schlagcreme (fettreduzierter
Schlagsahneersatz, 21 % Fett, aus
dem Kühlregal)

ZUM BESTREICHEN UND BESTREUEN:

120 g Aprikosenkonfitüre
1 EL Wasser
10 g gehackte Pistazienkerne

1. Den Backofen vorheizen.
Ober-/Unterhitze: etwa 200 °C, Heißluft: etwa 180 °C

2. Für den Teig Eier und Wasser mit einem Mixer (Rühr-stäbe) auf höchster Stufe in 1 Minute schaumig schlagen. Zucker mit Vanillin-Zucker mischen, in 1 Minute einstreu-en, dann noch etwa 2 Minuten schlagen. Mehl mit Speise-stärke und Backpulver mischen, auf die Eiercreme geben und kurz auf niedrigster Stufe unterrühren.

3. Den Teig auf ein Backblech (30 x 40 cm, gefettet, mit Backpapier belegt) geben und glatt streichen. Das Back-blech in den vorgeheizten Backofen schieben. Die Biskuit-platte **etwa 10 Minuten backen.**

4. Die Biskuitplatte sofort nach dem Backen auf ein mit Zucker bestreutes Stück Backpapier stürzen. Die Biskuit-platte erkalten lassen. Dann das Backpapier vorsichtig abziehen. Die Biskuitplatte so halbieren, dass 2 Platten (je 30 x 20 cm) entstehen. Eine Biskuitplatte auf eine Kuchen-platte legen. Einen Backrahmen darumstellen.

5. Für die Füllung Gelatine nach Packungsanleitung ein-weichen. Die Hälfte der Aprikosen in Stücke schneiden, in einen hohen Rührbecher geben und fein pürieren. Die rest-lichen Aprikosenhälften in kleine Würfel schneiden.

6. Joghurt mit Zucker, Zitronensaft und Pistazienkernen verrühren. Gelatine leicht ausdrücken und in einem klei-nen Topf bei schwacher Hitze unter Rühren auflösen. Die aufgelöste Gelatine zuerst mit etwa 4 Esslöffeln von der Joghurtmasse verrühren, dann unter die restliche Joghurt-masse rühren. Das Aprikosenpüree unterheben. Die Masse in den Kühlschrank stellen.

Schmuckstücke

7. Sobald die Joghurtmasse anfängt dicklich zu werden, die Schlagcreme steif schlagen. Aprikosenwürfel und Schlagcreme unter die Joghurtmasse heben. Die Joghurtcreme auf die Biskuitplatte in den Backrahmen geben und glatt streichen. Die zweite Biskuitplatte darauflegen und leicht andrücken. Den Aprikosenkuchen zugedeckt etwa 2 Stunden in den Kühlschrank stellen.

8. Zum Bestreichen Konfitüre durch ein Sieb in einen Topf streichen. Wasser hinzufügen und unter Rühren gut aufkochen lassen. Die Kuchenoberfläche damit bestreichen und mit Pistazienkernen bestreuen.

Dattelkuchen mit Limettencreme 20 Stücke

PRO STÜCK: E: 6,3 g, F: 4,0 g, Kh: 26,8 g, kJ: 717, kcal: 171, BE: 2,0, Bst: 1,3 g
ZUBEREITUNGSZEIT: 40 Minuten, ohne Abkühlzeit
BACKZEIT: etwa 12 Minuten

ZUM VORBEREITEN:

200 g getrocknete, entsteinte Datteln
50 g Butter
170 ml Milch (1,5 % Fett)

FÜR DEN TEIG:

3 Eier (Größe M)
100 g brauner Zucker
1 Pck. Dr. Oetker Vanillin-Zucker
250 g Weizenmehl
3 gestr. TL Dr. Oetker Backin

FÜR DIE LIMETTENCREME:

500 g Magerquark
150 g saure Sahne (10 % Fett)
60 g Puderzucker
1 Pck. Sahnesteif
1 Bio-Limette (unbehandelt, ungewachst – etwa 70 g)
1 reifer Granatapfel (etwa 300 g)

1. Den Backofen vorheizen.
Ober-/Unterhitze: etwa 200 °C, Heißluft: etwa 180 °C

2. Zum Vorbereiten die Datteln in feine Streifen schneiden. Butter in einem Topf zerlassen und bräunen. Dattelstreifen mit Milch dazugeben. Die Zutaten zum Kochen bringen. Den Topf von der Kochstelle nehmen. Die Zutaten vorsichtig pürieren und anschließend abkühlen lassen.

3. Für den Teig die Eier in einer Schüssel mit einem Mixer (Rührstäbe) auf höchster Stufe in 1 Minute schaumig schlagen. Braunen Zucker mit Vanillin-Zucker mischen, in 1 Minute einstreuen, dann noch etwa 2 Minuten schlagen.

4. Das Dattelpüree unterrühren, anschließend die Masse noch etwa 1 Minute aufschlagen. Mehl mit Backpulver mischen, auf die Eier-Dattel-Masse geben und auf niedrigster Stufe kurz unterrühren.

5. Den Teig auf ein Backblech (30 x 40 cm, gefettet, mit Backpapier belegt) geben und glatt streichen. Das Backblech in den vorgeheizten Backofen schieben. Den Dattelkuchen **etwa 12 Minuten backen.**

6. Das Backblech auf einen Kuchenrost stellen. Den Dattelkuchen darauf erkalten lassen.

7. Für die Limettencreme Quark und saure Sahne in eine Rührschüssel geben. Puderzucker mit Sahnesteif mischen und mit dem Mixer (Rührstäbe) sorgfältig unterrühren.

Granatapfelkerne on top

8. Die Limette heiß abwaschen, abtrocknen und die Schale fein abhobeln. Limette halbieren und den Saft auspressen. Die Hälfte der Limettenschale unter die Quarkcreme rühren. Quarkcreme mit Limettensaft abschmecken.

9. Die Schale des Granatapfels jeweils von der Blüte bis zum Stängelansatz in 5 langen Linien einritzen. Den Granatapfel an den Linien vorsichtig aufbrechen und die Kerne herauslösen.

10. Zum Servieren den Dattelkuchen in Stücke schneiden. Auf jedes Stück einen Klecks Limettencreme und einige Granatapfelkerne geben. Den Dattelkuchen mit der restlichen Limettenschale bestreuen.

Apfelstrudel-Törtchen 12 Stück

PRO STÜCK: E: 3,3 g, F: 8,1 g, Kh: 26,7 g, kJ: 812, kcal: 195, BE: 2,0, Bst: 1,8 g
ZUBEREITUNGSZEIT: 35 Minuten
BACKZEIT: etwa 20 Minuten

FÜR DIE FÜLLUNG:

50 g Rosinen

6 große, feste, säuerliche Äpfel,
z. B. Boskop oder Elstar (etwa 1,2 kg)

15 g Butter
30 g brauner Zucker
1 EL Zitronensaft (12 g)
½ TL gem. Zimt (2 g)

10 g zerlassene Butter für die Form

FÜR DIE STRUDELTÖRTCHEN:

6 Blätter frischer Filo- oder Yufkateig (etwa 150 g, je Blatt etwa
30 x 30 cm, aus dem Kühlregal)

10 g Butter
2 EL Milch (1,5 % Fett)

FÜR DIE PUDDING-CREME:

200 g Schlagcreme (fettreduzierter
Schlagsahneersatz, 21 % Fett, aus
dem Kühlregal)

20 g brauner Zucker
100 g Magerquark
150 g Sahne-Pudding Vanille-
Geschmack (aus dem Kühlregal)

1. Den Backofen vorheizen.
Ober-/Unterhitze: etwa 200 °C, Heißluft: etwa 180 °C

2. Für die Füllung Rosinen in ein Sieb geben, mit hei-
ßem Wasser abspülen und gut abtropfen lassen. Die Äpfel
schälen, vierteln und entkernen. Apfelviertel in kleine Stücke schneiden.

3. Butter zerlassen, Zucker unter Rühren darin auflösen.
Zitronensaft, Äpfel und Rosinen untermischen. Die Masse
etwa 5 Minuten bei mittlerer Hitze dünsten, anschließend
mit Zimt abschmecken.

4. Die Mulden einer Muffinform (für 12 Muffins) mit der
zerlassenen Butter ausstreichen.

5. Für die Törtchen die Teigblätter aufeinanderlegen und
in jeweils 4 gleich große Stücke schneiden. Die Teigstücke
mit Frischhaltefolie bedecken. Die Butter zerlassen und mit
der Milch verrühren.

6. Jeweils 2 Teigstücke dünn mit der Butter-Milch-
Mischung bestreichen, diagonal versetzt locker aufeinanderlegen und in eine der Mulden legen. Die Teigstücke
jeweils in der Mitte leicht andrücken und rundherum etwas
überstehen lassen. Die Apfel-Rosinen-Füllung gleichmäßig
in den Mulden verteilen.

7. Die Form auf dem Rost in den vorgeheizten Backofen
schieben. Die Törtchen **etwa 20 Minuten backen.**

8. Die Form auf einen Kuchenrost stellen und die Törtchen
etwas abkühlen lassen.

lauwarm genießen

9. Für die Pudding-Creme in der Zwischenzeit Schlagcreme mit braunem Zucker steif schlagen. Quark und Pudding kurz unterrühren. Die lauwarmen Törtchen aus den
Mulden heben und mit der Pudding-Creme servieren.

Chai-Tea-Hügel 20 Stück

PRO STÜCK: E: 4,3 g, F: 5,5 g, Kh: 17,5 g, kJ: 574, kcal: 137, BE: 1,5, Bst: 0,9 g
ZUBEREITUNGSZEIT: 45 Minuten, ohne Kühl- und Ziehzeit
BACKZEIT: etwa 10 Minuten

FÜR DEN BISKUITTEIG:

5 Eier (Größe M)
3 EL heißes Wasser
130 g Zucker
1 Pck. Dr. Oetker Vanillin-Zucker
140 g Weizenmehl
1 gestr. TL Dr. Oetker Backin
30 g gesiebter Backkakao

FÜR DIE CHAI-TEA-CREME:

5 Btl. Chai-Tea (je 2 g)
300 ml kochendes Wasser
7 Blatt weiße Gelatine
200 ml Milch (1,5 % Fett)
1 kleine Bio-Orange (unbehandelt, ungewachst – etwa 180 g)
50 g gehackte Mandeln
40 g Zucker
150 g Schlagsahne (30 % Fett)
40 g Puderzucker

1. Den Backofen vorheizen.
Ober-/Unterhitze: etwa 200 °C, Heißluft: etwa 180 °C

2. Für den Teig Eier und Wasser mit einem Mixer (Rührstäbe) auf höchster Stufe in 1 Minute schaumig schlagen. Zucker mit Vanillin-Zucker mischen, in 1 Minute einstreuen, dann noch etwa 3 Minuten schlagen.

3. Mehl mit Backpulver und Kakao mischen. Die Hälfte davon kurz auf niedrigster Stufe unterrühren. Restliches Mehlgemisch auf die gleiche Weise unterarbeiten.

4. Den Teig auf ein Backblech (30 x 40 cm, gefettet, mit Backpapier belegt) geben und glatt streichen. Das Backblech in den vorgeheizten Backofen schieben. Die Biskuitplatte **etwa 10 Minuten backen.**

5. Die Biskuitplatte vorsichtig vom Rand lösen, auf eine mit Backpapier belegte Arbeitsplatte stürzen, mit dem Backpapier erkalten lassen. Dann das mitgebackene Backpapier vorsichtig abziehen. Mit einem Glas (Ø 7 cm) 20 Taler daraus ausstechen. Die Reste im Blitzhacker fein zerkrümeln.

6. Für die Creme die Teebeutel mit kochendem Wasser übergießen, zugedeckt 8–10 Minuten ziehen lassen. Gelatine nach Packungsanleitung einweichen. Dann die Teebeutel entfernen, über dem Tee gut ausdrücken. Milch in den Tee gießen. Eingeweichte Gelatine leicht ausgedrückt in dem warmen Tee unter Rühren auflösen.

7. Orange heiß abwaschen, abtrocknen. Etwa die Hälfte der Schale fein abreiben und zum Tee geben. Den Tee abkühlen lassen, dann in den Kühlschrank stellen.

mit karamellisierten Biskuitbröseln

8. Inzwischen ein Backblech mit Backpapier belegen. Biskuitkrümel und Mandeln in einer Pfanne ohne Fett unter Wenden leicht rösten, dann auf einen Teller geben. Den Zucker in der Pfanne bei mittlerer Hitze goldbraun karamellisieren lassen. Die Krümel-Mandel-Mischung sofort mit einem Kochlöffel unterrühren. Die heiße Masse sofort auf das Backblech geben und erkalten lassen.

9. Sobald der Tee anfängt fest zu werden, Sahne mit Puderzucker steif schlagen und unterheben. Die Creme auf den Biskuittalern leicht kuppelförmig verstreichen, mit der Krümelmasse bestreuen. Die Chai-Tea-Hügel etwa 30 Minuten in den Kühlschrank stellen.

Vanilleschnecken 12 Stück

PRO STÜCK: E: 4,2 g, F: 6,9 g, Kh: 23,2 g, kJ: 722, kcal: 172, BE: 2,0, Bst: 1,0 g
ZUBEREITUNGSZEIT: 45 Minuten
BACKZEIT: etwa 20 Minuten

FÜR DIE FÜLLUNG:

1 Pck. Gala Pudding-Pulver Sahne-Geschmack

30 g Zucker
375 ml Milch (1,5 % Fett)
50 g Rosinen
20 g gehobelte Mandeln

FÜR DEN QUARK-ÖL-TEIG:

150 g Weizenmehl
1 gestr. TL Dr. Oetker Backin
70 g Magerquark
40 ml Milch (1,5 % Fett)
50 g Speiseöl, z. B. Sonnenblumenöl
30 g Zucker
2–3 Tropfen Butter-Vanille-Aroma
1 Prise Salz

ZUM BESTREUEN:

20 g gehobelte Mandeln
10 g Zucker
½ TL Zimt (2 g)

1. Für die Füllung aus Pudding-Pulver, Zucker und Milch einen Pudding nach Packungsanleitung – aber mit den hier angegebenen Mengen – zubereiten. Rosinen und Mandeln unterrühren. Den Pudding in eine Schüssel geben. Sofort Frischhaltefolie direkt auf die Puddingoberfläche legen, damit sich keine Haut bildet. Pudding abkühlen lassen.

2. Für den Teig in der Zwischenzeit Mehl mit Backpulver in einer Rührschüssel mischen. Quark, Milch, Öl, Zucker, Butter-Vanille-Aroma und Salz hinzufügen. Die Zutaten mit einem Mixer (Knethaken) auf niedrigster, dann auf höchster Stufe in etwa 1 Minute zu einem Teig verarbeiten (nicht zu lange, Teig klebt sonst).

3. Den Backofen vorheizen.
Ober-/Unterhitze: 180–200 °C, Heißluft: 160–180 °C

4. Den Teig auf einer leicht bemehlten Arbeitsfläche zu einem Quadrat (30 x 30 cm) ausrollen. Den Pudding daraufgeben und glatt streichen, dabei rundherum einen etwa 1 cm breiten Rand frei lassen. Den Teig aufrollen.

5. Die Teigrolle mit einem Sägemesser in 12 gleich große Scheiben schneiden. Dabei die Klinge zwischendurch mit Küchenpapier abwischen. Die Vanilleschnecken auf ein Backblech (mit Backpapier belegt) legen und leicht flach drücken. Die Schnecken mit den Mandeln bestreuen. Zucker und Zimt mischen und daraufstreuen.

6. Das Backblech in den vorgeheizten Backofen schieben. Die Vanilleschnecken **etwa 20 Minuten backen.**

7. Das Backblech auf einen Kuchenrost stellen. Vanilleschnecken erkalten lassen.

Erdbeer-Tartelettes 6 Stück

PRO STÜCK: E: 3,8 g, F: 7,4 g, Kh: 36,7 g, kJ: 980, kcal: 234, BE: 3,0, Bst: 2,5 g
ZUBEREITUNGSZEIT: 30 Minuten, ohne Abkühlzeit
BACKZEIT: etwa 20 Minuten

ZUM VORBEREITEN:

40 g Butter mit Buttermilch (39 % Fett)

1 Bio-Limette (unbehandelt, ungewachst)

FÜR DEN KNETTEIG:

100 g Weizenmehl
½ TL Dr. Oetker Backin
40 g Zucker
1 Pck. Dr. Oetker Vanillin-Zucker
1 ½ EL kaltes Wasser

etwa 250 g Hülsenfrüchte zum Blindbacken, z. B. Linsen oder Bohnen

FÜR DIE SAURE-SAHNE-CREME:

175 ml Orangensaft
20 g Zucker
1 Pck. ungezuckerter Tortenguss, klar
100 g saure Sahne

FÜR DIE ERDBEEREN:

500 g frische Erdbeeren
einige Zitronenmelisseblättchen
1 TL Puderzucker (3 g)

etwa 20 g Butter zum Fetten der Förmchen

1. Zum Vorbereiten die Butter in einem Topf zerlassen und etwas abkühlen lassen. Die Limette heiß abwaschen, abtrocknen und die Schale fein abreiben. Limette halbieren, den Saft auspressen und 25 ml davon abmessen. Den Saft für die Saure-Sahne-Creme beiseitestellen.

2. Für den Teig Mehl mit Backpulver in einer Rührschüssel mischen. Restliche Zutaten sowie die zerlassene Butter und die Hälfte der geriebenen Limettenschale hinzufügen, mit einem Mixer (Knethaken) zunächst kurz auf niedrigster, dann auf höchster Stufe gut durcharbeiten. Den Teig auf einer leicht bemehlten Arbeitsfläche kurz verkneten.

3. Den Backofen vorheizen.
Ober-/Unterhitze: etwa 200 °C, Heißluft: etwa 180 °C

4. Den Teig in 6 gleich großen Portionen zu 6 runden Platten (Ø etwa 14 cm) sehr dünn ausrollen, in 6 Tartelettesförmchen (Ø 8–10 cm, gefettet, bemehlt) legen, dabei den Rand festdrücken. Teigböden mehrmals mit einer Gabel einstechen, mit je einem Stück Backpapier (etwas größer als die Form) belegen, mit Hülsenfrüchten füllen. Die Förmchen auf dem Rost in den vorgeheizten Backofen schieben. Tartelettes **etwa 15 Minuten vorbacken.**

5. Die Hülsenfrüchte mit dem Backpapier entfernen und die Förmchen wieder auf dem Rost in den heißen Backofen schieben. Die Tartelettes **bei gleicher Backofentemperatur in etwa 5 Minuten fertig backen.**

6. Die Tartelettes kurz auf einem Kuchenrost abkühlen lassen, dann vorsichtig aus den Förmchen lösen, auf den Kuchenrost setzen und erkalten lassen.

süßer Sommer

7. Für die Creme abgemessenen Limetten- mit Orangensaft, restlicher Limettenschale, Zucker und Tortengusspulver in einem Topf verrühren, unter Rühren zum Kochen
bringen, etwa ½ Minute kochen. Guss etwa 1 Minute
abkühlen lassen, dann die saure Sahne unterrühren, zugedeckt etwa 30 Minuten in den Kühlschrank stellen.

8. Für die Füllung Erdbeeren abspülen und abtropfen lassen. 3 Erdbeeren zum Garnieren beiseitelegen. Die restlichen Erdbeeren entstielen und je nach Größe halbieren
oder vierteln. Erdbeeren in den Tartelettes verteilen. Die
Saure-Sahne-Creme daraufgeben. Die beiseitegelegten
Erdbeeren mit Grün halbieren. Tartelettes damit garnieren.

Tipp: Die Tartelettes lassen sich am besten in Förmchen
mit herausnehmbarem Boden backen.

Aprikosenküchlein im Glas 12 Stück

PRO GLAS: E: 3,2 g, F: 9,4 g, Kh: 30,0 g, kJ: 919, kcal: 220, BE: 2,5, Bst: 1,1 g
ZUBEREITUNGSZEIT: 35 Minuten, ohne Quell- und Abkühlzeit
BACKZEIT: etwa 40 Minuten

ZUM VORBEREITEN:

470 g abgetropfte Aprikosenhälften (aus der Dose)

200 ml Aprikosensaft (aus der Dose)

100 g Milchreis (Rundkornreis)
1 Pck. Dr. Oetker Finesse Geriebene Zitronenschale

FÜR DEN RÜHRTEIG:

70 g Speiseöl
80 g Puderzucker
1 Pck. Dr. Oetker Vanillin-Zucker
2 Eier (Größe M)
100 g Weizenmehl
2 gestr. TL Dr. Oetker Backin

AUSSERDEM:

12 Sturz-Form-Gläser (je 160 ml Inhalt) mit passenden Gummringen und Klammern

je 3 g Butter und Weizenmehl für jedes Glas

1. Zum Vorbereiten von den Aprikosen den Saft auffangen und 200 ml abmessen. 200 g der Aprikosen in kleine Stücke schneiden, mit dem abgemessenen Saft in einem Rührbecher pürieren.

2. Aprikosenpüree mit Reis und Zitronenschale in einen Topf geben und unter Rühren zum Kochen bringen. Den Reis zugedeckt bei schwacher Hitze etwa 25 Minuten unter gelegentlichem Rühren quellen lassen. Die Reismasse abkühlen lassen.

3. Restliche Aprikosenhälften (etwa 270 g) in etwa 1 cm große Würfel schneiden.

4. Den Backofen vorheizen.
Ober-/Unterhitze: etwa 180 °C, Heißluft: etwa 160 °C

5. Für den Teig Speiseöl mit Puderzucker und Vanillin-Zucker in eine Rührschüssel geben und mit einem Mixer (Rührstäbe) auf höchster Stufe glatt rühren. Eier nach und nach unterrühren (jedes Ei etwa ½ Minute). Die Masse anschließend etwa 2 Minuten auf höchster Stufe schaumig schlagen. Mehl mit Backpulver mischen, kurz auf mittlerer Stufe unterrühren. Aprikosenreis kurz unterrühren.

6. Den Teig in 12 Sturz-Form-Gläser (bis 2 cm unter den Rand gefettet und bemehlt) geben und glatt streichen. Aprikosenwürfel darauf verteilen. Die Glasränder säubern. Ein Backblech in den vorgeheizten Backofen schieben. Die Gläser auf das Backblech stellen. Die Küchlein **etwa 40 Minuten backen.**

zum Löffeln – laktosefrei

7. In der Zwischenzeit die Gummiringe in einer Schüssel mit kaltem Wasser einweichen.

8. Nach dem Backen ein Glas mit Topflappen aus dem Backofen nehmen und verschließen. Dazu den vorbereiteten, feuchten Gummiring auf die Innenseite eines Glasdeckels legen. Das Glas sofort mit Deckel und 2 Klammern verschließen. Restliche Gläser auf die gleiche Weise verschließen. Nach jedem Glas, das aus dem Backofen genommen wird, den Backofen wieder schließen.

9. Die Gläser auf einem Kuchenrost vollständig erkalten lassen. Anschließend die Klammern lösen.

Tipp: Ungeöffnet können Sie die Küchlein im Glas an einem kühlen, dunklen Ort etwa 1 Monat aufbewahren.

Blueberry Muffins 12 Stück

PRO STÜCK: E: 3,3 g, F: 5,2 g, Kh: 28,9 g, kJ: 742, kcal: 177, BE: 2,5, Bst: 1,6 g
ZUBEREITUNGSZEIT: 30 Minuten
BACKZEIT: etwa 30 Minuten

ZUM VORBEREITEN:
250 g frische Blaubeeren (Heidelbeeren)

FÜR DEN ALL-IN-TEIG:
250 g Weizenmehl
2 gestr. TL Dr. Oetker Backin
140 g Zucker
1 Prise Salz
1 Ei (Größe M)
200 g Joghurt (1,5 % Fett)
50 g neutrales Speiseöl, z. B. Rapsöl

AUSSERDEM:
12 Muffin-Papierbackförmchen

1. Den Backofen vorheizen.
Ober-/Unterhitze: etwa 180 °C, Heißluft: etwa 160 °C

2. Zum Vorbereiten Blaubeeren verlesen, abspülen, sehr gut abtropfen lassen und mit Küchenpapier trocken tupfen.

3. Für den Teig Mehl mit Backpulver in einer Rührschüssel mischen. Restliche Zutaten hinzufügen und mit einem Mixer (Rührstäbe) zunächst kurz auf niedrigster, dann auf höchster Stufe in etwa 2 Minuten zu einem glatten Teig verarbeiten.

4. Die Blaubeeren ganz vorsichtig mit einem Teigschaber unterheben. Dabei nicht zu stark rühren, da die Früchte den Teig sonst lila färben.

5. Den Teig in die Mulden einer Muffinform (für 12 Muffins, mit Papierbackförmchen ausgelegt) geben und glatt streichen. Die Form auf dem Rost in den vorgeheizten Backofen schieben. Die Blueberry Muffins **etwa 30 Minuten backen.**

6. Die Form auf einen Kuchenrost stellen. Die Blueberry Muffins etwa 10 Minuten in der Form abkühlen lassen. Anschließend aus der Form lösen und auf dem Kuchenrost erkalten lassen.

Tipp: Außerhalb der Saison können Sie auch tiefgefrorene Blaubeeren verwenden. Die Beeren unbedingt unaufgetaut und ebenso vorsichtig unter den Teig heben.

Rhabarber-Ingwer-Muffins 12 Stück

PRO STÜCK: E: 3,2 g, F: 6,3 g, Kh: 22,7 g, kJ: 681, kcal: 163, BE: 2,0, Bst: 1,6 g
ZUBEREITUNGSZEIT: 25 Minuten, ohne Abkühlzeit
BACKZEIT: 30–35 Minuten

ZUM VORBEREITEN:

500 g Rhabarber (vorbereitet gewogen etwa 430 g)

15 g frischer Ingwer

20 g Zucker

FÜR DEN ALL-IN-TEIG:

175 g Weizenmehl

2 gestr. TL Dr. Oetker Backin

1 Pck. Dr. Oetker Pudding-Pulver Vanille-Geschmack

1 Prise Salz

75 g Puderzucker

1 Pck. Dr. Oetker Finesse Geriebene Orangenschale

120 g Buttermilch

2 Eier (Größe M)

75 g zerlassene, abgekühlte Butter oder Margarine

AUSSERDEM:

12 Muffin-Papierbackförmchen

1. Zum Vorbereiten Rhabarber abspülen, abtropfen lassen. Stielenden und Blattansätze entfernen. Rhabarber in kleine Stücke schneiden und 430 g abwiegen. Ingwer schälen und sehr fein reiben. Rhabarberstücke, Ingwer und Zucker mischen und kurz ziehen lassen.

2. In der Zwischenzeit den Backofen vorheizen. Ober-/Unterhitze: etwa 180 °C, Heißluft: etwa 160 °C

3. Für den Teig Mehl mit Backpulver, Pudding-Pulver, Salz, Puderzucker und Orangenschale mischen. Rhabarber in einem Sieb abtropfen lassen und die Flüssigkeit dabei auffangen. Die Rhabarber-Flüssigkeit mit Buttermilch auf 175 ml auffüllen.

4. Eier, zerlassene Butter oder Margarine und die Buttermilch-Mischung zu der Mehlmischung geben. Die Zutaten mit einem Mixer (Rührstäbe) zunächst kurz auf niedrigster, dann auf höchster Stufe in etwa 2 Minuten zu einem glatten Teig verarbeiten. Zuletzt den Rhabarber unterheben.

5. Den Teig in die Mulden einer Muffinform (für 12 Muffins, mit Papierbackförmchen ausgelegt) geben und glatt streichen. Die Form auf dem Rost in den vorgeheizten Backofen schieben. Rhabarber-Ingwer-Muffins **30–35 Minuten backen.**

6. Die Form auf einen Kuchenrost stellen. Die Muffins etwa 10 Minuten in der Form abkühlen lassen. Anschließend vorsichtig aus der Form lösen und auf dem Kuchenrost erkalten lassen.

der Lenz ist da ...

Kardamom-Muffins mit Birnen 12 Stück

PRO STÜCK: E: 3,3 g, F: 7,7 g, Kh: 24,3 g, kJ: 755, kcal: 180, BE: 2,0, Bst: 2,1 g
ZUBEREITUNGSZEIT: 20 Minuten, ohne Abkühlzeit
BACKZEIT: etwa 30 Minuten

FÜR DEN TEIG:

100 g Weizenmehl

50 g nicht abgezogene, gem. Mandeln

20 g gesiebter Backkakao

½ TL gem. Kardamom (2 g)

2 gestr. TL Dr. Oetker Backin

1 Prise Salz

90 g Zucker

175 g Schlagsahne (30 % Fett)

1 Ei (Größe M)

460 g abgetropfte Birnenhälften (aus der Dose)

ZUM BESTREICHEN:

70 g Apfel- oder Quittengelee

AUSSERDEM:

12 Muffin-Papierbackförmchen

1. Den Backofen vorheizen.
Ober-/Unterhitze: etwa 180 °C, Heißluft: etwa 160 °C

2. Für den Teig Mehl mit Mandeln, Kakao, Kardamom, Backpulver, Salz und Zucker in einer Rührschüssel mit einem Schneebesen verrühren.

3. Sahne und Ei in einem Rührbecher mit dem Schneebesen glatt rühren. Die flüssigen Zutaten zu der Mehl-Kakao-Mischung in die Rührschüssel geben und zu einem glatten Teig verrühren.

4. Sechs Birnenhälften quer in Scheiben schneiden. Restliche Birnenhälften in sehr kleine Würfel schneiden. Birnenwürfel mit einem Löffel unter den Teig heben.

5. Den Teig in eine Muffinform (für 12 Muffins, mit Papierbackförmchen ausgelegt) geben. Die Birnenscheiben darauf verteilen. Die Form auf dem Rost in den vorgeheizten Backofen schieben. Kardamom-Muffins **etwa 30 Minuten backen.**

6. Die Form auf einen Kuchenrost stellen. Die Muffins etwa 5 Minuten in der Form abkühlen lassen, dann aus der Form heben und auf dem Kuchenrost erkalten lassen.

7. Zum Bestreichen Gelee in einem kleinen Topf unter Rühren aufkochen. Die Muffins damit bestreichen und trocknen lassen.

fruchtig-pikant

Ratgeber & praktische Tipps

DIE REZEPTE

Bei allen Rezepten in diesem Buch wurde besonders darauf geachtet, vor allem bei den Hauptzutaten **Zucker** und **Fett** so viel wie möglich einzusparen. Keinesfalls wird dadurch jedoch der Geschmack beeinträchtigt. Zucker und Fett sind wesentliche Geschmacksträger und werden in den notwendigen Mengen auch verwendet. Für ein lockeres und luftiges Backergebnis ist zudem eine gewisse Menge an **Eiern**, die nicht gerade als fettarm bezeichnet werden können, unerlässlich.

Für die **Nährwertberechnungen** haben wir alle Kuchen, Torten und Gebäcke in „normalgroße" Stücke bzw. Portionen geteilt, die auch „glücklich und zufrieden" machen.

> **Jedes Kuchen-, Tortenstück oder Kleingebäckteilchen hat nie mehr als 250 kcal und nie mehr als 10 g Fett. Viele Nährwerte liegen deutlich darunter.**

KALORIEN-/NÄHRWERTANGABEN

E = Eiweiß
F = Fett
Kh = Kohlenhydrate
kJ = Kilojoule
kcal = Kilokalorien
BE = Broteinheiten
Bst = Ballaststoffe

Bei den Nährwertangaben in den Rezepten handelt es sich um auf- bzw. abgerundete Werte. Eiweiß, Fett, Kohlenhydrate, Broteinheiten und Ballaststoffe werden mit einer Stelle nach dem Komma, Kilojoule und Kilokalorien als ganze Werte ausgewiesen. Aufgrund von ständigen Rohstoffschwankungen und/oder Rezepturveränderungen bei Lebensmitteln kann es zu Abweichungen kommen. Die Nährwertangaben dienen daher lediglich Ihrer Orientierung und eignen sich nur bedingt für die Berechnung eines Diätplans, zum Beispiel bei Krankheiten wie Diabetes. Richten Sie sich daher bitte nach den Anweisungen Ihres Diätassistenten bzw. Ihres Arztes.

ZUTATEN & MENGEN

Auch zum Backen von **schlanken Kuchen** benötigen Sie klassische Zutaten wie Mehl, Butter oder Margarine, Zucker, Eier und verschiedene Milchprodukte. Bei der Auswahl der Zutaten kommt es allerdings auf die **richtigen Mengenverhältnisse** an, sowie darauf, besonders fetthaltige durch fettreduzierte Produkte oder fettarme Alternativen zu ersetzen.

TEIGE

Sehr gut geeignet sind **Teigarten**, die bereits bei der Zubereitung sowieso nur wenig oder gar kein Fett benötigen. Dazu gehören **Hefe-, Quark-Öl-, Biskuit-** oder **Brandteig**. Aber auch klassische **Rühr-** und **Knetteige**, die normalerweise reichlich Fett und Zucker enthalten, lassen sich mit ein paar Tricks schlanker zubereiten.

Wir haben die Butter in vielen der vorliegenden Rezepte durch entsprechend fettreduzierte bzw. Halbfett-Produkte ersetzt. Das kann pro Rezept bis zu 50 Prozent weniger Fett ausmachen.

> **Achten Sie beim Einkauf auf die Herstellerhinweise: Einige Buttersorten lassen sich nur als Brotaufstrich verwenden, andere können Sie problemlos zum Backen nehmen.**

In klassischen Rührteigen ist **Magerquark** zudem ein hervorragender Ersatz für Fett. Etwa die Hälfte der angegebenen Butter-oder Margarinemenge können Sie dadurch ersetzen und so Fett und Kalorien einsparen.

Baisergebäck ist sehr fettarm und sehr beliebt. Viele „schlanke" Backbücher enthalten daher Rezepte mit Baiser. Der Nachteil: Baiser besteht zum Großteil aus Zucker. Wir verzichten daher auf Rezepte mit Baiser.

Bei **Biskuitteig** ist eine bestimmte Menge Zucker für die Konsistenz unabdingbar. Der Zuckeranteil ist im Vergleich zu den anderen Teigen relativ hoch. Wir haben jedoch immer nur so viel Zucker wie wirklich nötig verwendet.

FRÜCHTE

Idealerweise kombinieren Sie fettreduziert zubereitetes Gebäck mit **frischen, reifen Früchten**. Die schmecken pur schon wunderbar und benötigen keine zusätzliche Süße und kein zusätzliches Fett.

Außerhalb der Saison können Sie bei Früchten auch auf **Glas-** oder **Dosenfrüchte** zurückgreifen. Entscheiden Sie sich dann für **kalorienreduzierte Früchte**. Die schmecken genauso gut, haben aber den Vorteil, dass Sie beim Backen Kalorien einsparen können. Besonders ideal sind jedoch **ungesüßte tiefgekühlte Früchte.**

Auch **Trockenfrüchte** können als Zuckerersatz dienen. In einigen Rezepten werden sie püriert mit in den Teig gegeben.

GEMÜSE

Fein geraspeltes oder püriertes Gemüse wie zum Beispiel **Rote Beete**, **weiße** oder **Kidney-Bohnen** machen Kuchenteig besonders saftig. Zudem lässt sich bei der Verwendung von Gemüse der Fettanteil im Kuchenteig leichter reduzieren.

MILCHPRODUKTE

Ob für den Teig oder als Füllung: Bei **Joghurt, Quark, Dickmilch, Frischkäse** oder **Schlagsahne** gibt es mittlerweile eine große Auswahl an Produkten mit reduziertem Fettgehalt oder Ersatzprodukte. „Echte" Schlagsahne ist jedoch nicht verboten.

Es kommt nur auf die Menge an: Schon kleine Portionen davon verleihen Joghurt, Quark, Dick- oder Buttermilch eine wunderbare Cremigkeit.

BACKEN OHNE ZUSÄTZLICHES FETT

Auf das zusätzliche Einfetten von Formen oder Blechen sollten Sie nach Möglichkeit verzichten bzw. nur sehr wenig Fett einsetzen. Verwenden Sie **antihaftbeschichtete Backformen**. Etwa 4 g Butter oder Backmargarine reichen aus, um fettarme Kuchen und Tortenböden nach dem Backen problemlos aus einer Springform (Ø 26 cm) zu lösen. Noch besser ist es,

sich **Backpapier** für die jeweilige Form zurechtzuschneiden und mit etwas Butter oder Margarine in der Form „festzukleben". Muffinformen legen sie am besten immer mit **Muffin-Papierbackförmchen** aus. So brauchen Sie weder Fett zum Bestreichen, noch Mehl zum Austreuen der Mulden. Weiterer Vorteil: Das spätere Reinigen wird erleichtert.

Eine Alternative sind **Backformen aus Silikon,** denn die müssen meistens nicht gefettet werden. Nach dem Backen lassen sich Kuchen und Gebäck ganz einfach herausstürzen.

> **Wichtig: Beim Backen in Silikonbackformen können sich sowohl die Backofentemperatur also auch die Backzeit verändern.**

BACKEN MIT WENIG ZUCKER

In den vorliegenden Rezepten wird sehr wenig Zucker verwendet. Nur mit der dort angegebenen Menge sind die Rezepte auch wirklich gelingsicher. Möchten Sie allerdings „normale" Rezepte etwas kalorienbewusster zubereiten, können Sie den Zuckeranteil in den meisten Fällen um bis zu ein Drittel reduzieren.

GUSS & GARNIERUNG

Verzichten Sie nach Möglichkeit auf Zucker- und Schokoguss oder reduzieren Sie zumindest die Menge, indem Sie den Kuchen nicht vollständig mit dem Guss überziehen, sondern ihn nur besprenkeln.

Ebenso sollten Sie auf kalorienreiche Garnierungen wie Marzipan, Nüsse oder Zuckerstreusel verzichten. Mit zuckerfreiem Kakaopulver, vorbereiteten Minzeblättchen oder einigen Fruchtstücken lassen sich auch optische Verschönerungen erzielen.

Allgemeine Hinweise

ABKÜRZUNGEN

EL	=	Esslöffel
TL	=	Teelöffel
Msp.	=	Messerspitze
Pck.	=	Packung/Päckchen
g	=	Gramm
kg	=	Kilogramm
ml	=	Milliliter
l	=	Liter
evtl.	=	eventuell
geh.	=	gehäuft
gem.	=	gemahlen
ger.	=	gerieben
gestr.	=	gestrichen
TK	=	Tiefkühlprodukt
°C	=	Grad Celsius
Ø	=	Durchmesser

ALLGEMEINE HINWEISE ZU DEN REZEPTEN

Lesen Sie bitte vor der Zubereitung – besser noch vor dem Einkaufen – das Rezept einmal vollständig durch. Oft werden Arbeitsabläufe oder -zusammenhänge dann klarer.

ZUTATENLISTE

Die Zutaten sind in der Reihenfolge ihrer Verarbeitung aufgeführt.

ARBEITSSCHRITTE

Die Arbeitsschritte sind einzeln hervorgehoben, in der Reihenfolge, in der wir sie ausprobiert haben.

ZUBEREITUNGSZEITEN

Die Zubereitungszeit ist ein Anhaltswert für die Dauer der Vorbereitung und die eigentliche Zubereitung. Längere Wartezeiten wie Kühl- oder Abkühlzeiten, Auftau- und Durchziehzeiten sind, sofern parallel keine weitere Tätigkeit erfolgt, nicht in der Zubereitungszeit enthalten. Die Backzeiten werden in der Regel gesondert ausgewiesen.

BACKOFENEINSTELLUNG UND BACKZEITEN

Die in den Rezepten angegebenen Backtemperaturen und -zeiten sind Richtwerte, die je nach individueller Hitzeleistung Ihres Backofens über- oder unterschritten werden können. Machen Sie nach Beendigung der angegebenen Backzeit eine Garprobe.
Die Temperaturangaben in diesem Buch beziehen sich auf Elektrobacköfen. Die Temperatureinstellungsmöglichkeiten für Gasbacköfen variieren je nach Hersteller, sodass wir keine allgemeingültigen Angaben machen können. Bitte beachten Sie deshalb bei der Einstellung des Backofens die Gebrauchsanleitung des Herstellers. Ein Backofenthermometer eignet sich dabei gut, um die Backofentemperatur im Blick zu haben.

EINSCHUBHÖHE

Hohe und halbhohe Formen werden im Allgemeinen auf dem Rost im unteren Drittel des Backofens eingeschoben, flache Formen auf dem Rost in die mittlere Einschubleiste. Blechkuchen, Klein- und Eiweißgebäck gelingen am besten in der Mitte des Backofens. Abweichungen sind möglich und von der Ausführung Ihres Backofens abhängig (Herstellerangaben beachten).

NUR FRISCHE EIER VERWENDEN

Bei der Zubereitung von Torten oder Tortenfüllungen mit frischen Eiern, die später nicht gebacken werden, nur Eier verwenden, die nicht älter als 5 Tage sind (Legedatum beachten!). Ei bzw. Eier in eine Rühr- oder Edelstahlschüssel geben und im heißen Wasserbad mit einem Mixer (Rührstäbe) bei mittlerer Hitze aufschlagen, bis eine Temperatur von etwa 70 °C entstanden ist. Die Torten im Kühlschrank aufbewahren und innerhalb von 24 Stunden verzehren.

Versuch macht klug!

Selbst mitmachen und die Dr. Oetker Versuchsküche live erleben – heißt es in Bielefeld. Dort finden regelmäßig Seminare und Vorführungen statt, bei denen den Profis der Versuchsküche über die Schulter geschaut und selbst Hand angelegt werden kann.

Es gibt wertvolle Tipps und so manch raffinierter Trick wird verraten. Zum Abschluss kann das Selbstgemachte in gemütlicher Runde probiert werden. Erleben Sie einen schönen Tag in der Dr. Oetker Versuchsküche.
Wir freuen uns auf Sie.

Alle Infos unter www.oetker.de oder unter 00800 71 72 73 74 (gebührenfrei in Deutschland).

Dr. Oetker

Qualität ist das beste Rezept.

Kapitelregister

Alphabetisches Register

Für Fragen, Vorschläge oder Anregungen stehen Ihnen der Verbraucher-
service der Dr. Oetker Versuchsküche Telefon: 00800 71 72 73 74
Mo.–Fr. 8:00–18:00 Uhr, Sa. 9:00–15:00 Uhr (gebührenfrei in Deutschland)
oder die Mitarbeiter des Dr. Oetker Verlages Telefon: +49 (0) 521 52 06 51
Mo.–Fr. 9:00–15:00 Uhr zur Verfügung. Oder schreiben Sie uns:
Dr. Oetker Verlag KG, Am Bach 11, 33602 Bielefeld.
Oder besuchen Sie uns online im Internet unter www.oetker-verlag.de,
www.facebook.com/Dr.OetkerVerlag oder www.oetker.de.

Umwelthinweis: Dieses Buch und der Einband wurden auf chlorfrei
gebleichtem Papier gedruckt. Die Einschrumpffolie – zum Schutz vor
Verschmutzung – ist aus umweltfreundlichem und recyclingfähigem
PE-Material.

Copyright: © 2013 by Dr. Oetker Verlag KG, Bielefeld

Redaktion: Christina Langner

Titelfoto: Thomas Diercks, Hamburg
Innenfotos: Antje Plewinski, Berlin
außer: Walter Cimbal, Hamburg (S. 47, 75)
Fotostudio Diercks – Thomas Diercks, Hamburg
(S. 5, 13, 15, 25, 29, 31, 51, 67–71, 83, 89)
Janne Peters, Hamburg (S. 85)
Anke Politt, Hamburg (S. 27)
Axel Struwe, Bielefeld (S. 63)

Rezeptentwicklung, -beratung und
Foodstyling: Anke Rabeler, Berlin
Nährwertberechnungen: Nutri Service, Hennef

Grafisches Konzept und Satz: kontur:design, Bielefeld
Titelgestaltung: küstenwerber, Hamburg

Reproduktionen: d&d digital data medien GmbH, Bad Oeynhausen
Druck und Bindung: Firmengruppe APPL, aprinta Druck, Wemding

ISBN: 978-3-7670-0883-0